Cuaderno de ejercicios

Nuevo Avance 1

Begoña Blanco | Concha Moreno | Piedad Zurita | Victoria Moreno

Primera edición: 2011

Produce: SGEL - Educación
Avd. Valdelaparra, 29
28108 ALCOBENDAS (MADRID)

ISBN: 978 - 84 - 9778 - 669 - 0
Depósito legal:
Printed in Spain – Impreso en España

Edición: Ana Sánchez
Coordinación editorial: Javier Lahuerta
Cubierta: Track Comunicación (Bernard Parra)
Maquetación: Track Comunicación (Bernard Parra)
Ilustraciones: Mº Ángeles Peinador
Fotografías: Thinkstock, Cordon Press, Begoña Blanco
Impresión:

Índice

UNIDAD 0: PRELIMINAR 4

UNIDAD 1: *Ser o no ser* 8

UNIDAD 2: *¿Estudias o trabajas?* 14

UNIDAD 3: *Estoy en España* 20

UNIDAD 4: *La familia bien, gracias* 26

UNIDAD 5: *De fiesta en fiesta* 32

UNIDAD 6: *Un día normal en la vida de...* 38

UNIDAD 7: *Para gustos están los colores* 46

UNIDAD 8: *¡Qué bueno!* 52

UNIDAD 9: *¿Qué te ha dicho el médico?* 58

EXAMEN DELE A1 64

SOLUCIONES 74

TRANSCRIPCIONES DE LAS AUDICIONES 84

Unidad Preliminar

0

Actividad 1

A Escucha a estas personas deletrear nombres, apellidos y países y subraya los que escuchas.

1 a Martínez
 b Mardones
2 a Suecia
 b Suiza
3 a Blanco
 b Vivancos
4 a Piña
 b Peña
5 a González
 b Jiménez
6 a Quique
 b Kiko

B Ahora escribe tu nombre, tu apellido y el nombre de tu país. Deletrea como en el ejemplo. Después, pregunta a tu compañero/a y deletrea su nombre, apellido y país.

Peter: pe, e, te, e, erre.

Mi nombre: ______________________.
Mi apellido: ______________________.
Mi país: ______________________.
El nombre de mi compañero/a: ______________________.
El apellido de mi compañero/a: ______________________.
El país de mi compañero/a: ______________________.

Actividad 2

A Escucha y clasifica estas palabras según el sonido inicial.

coche	cine	cena
jamón	kilo	guapo
jugar	gato	Cuba
zorro	cinco	guitarra
zumo	Jerez	Costa Rica
cuatro	quinto	queso
goma	Galicia	guerra
gente	girasol	jirafa

K. g

Suena como *Camarero*:	Suena como *Zapato*:	Suena como *Jueves*:	Suena como *Guatemala*:
Coche quinto	*Zumo* Q	*Jerez*	*Guapo*
cuatro	zorro	jirafa ✓	guerra ✓
Cuba	caná	gente ✓	guitarra ✓
Queso	cinco ✓	Jugar ✓	Galacia ✓
Costa Rica	Cine	Jamon ✓	goma ✓
girasol	cena		gato ✓
Kilo	cerveza		

Actividad 3

Lee y deletrea. 

Panamá	Argentina	Colombia
España	México	El Salvador
Perú	Uruguay	Puerto Rico
Cuba	Chile	Paraguay
Honduras	Costa Rica	Nicaragua
Venezuela	República	Guatemala
Ecuador	Dominicana	Bolivia

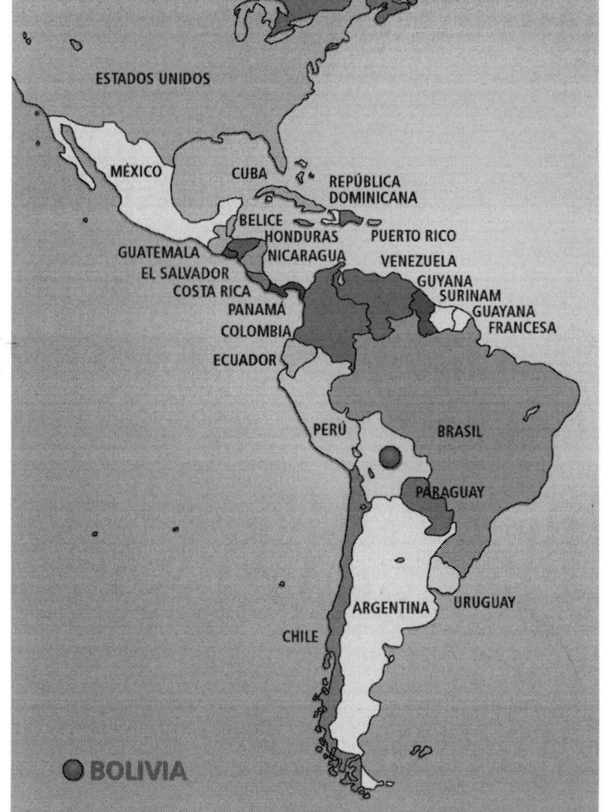

Actividad 4

A **Busca en esta figura los nombres de los números del 1 al 10 en español. Márcalos.**

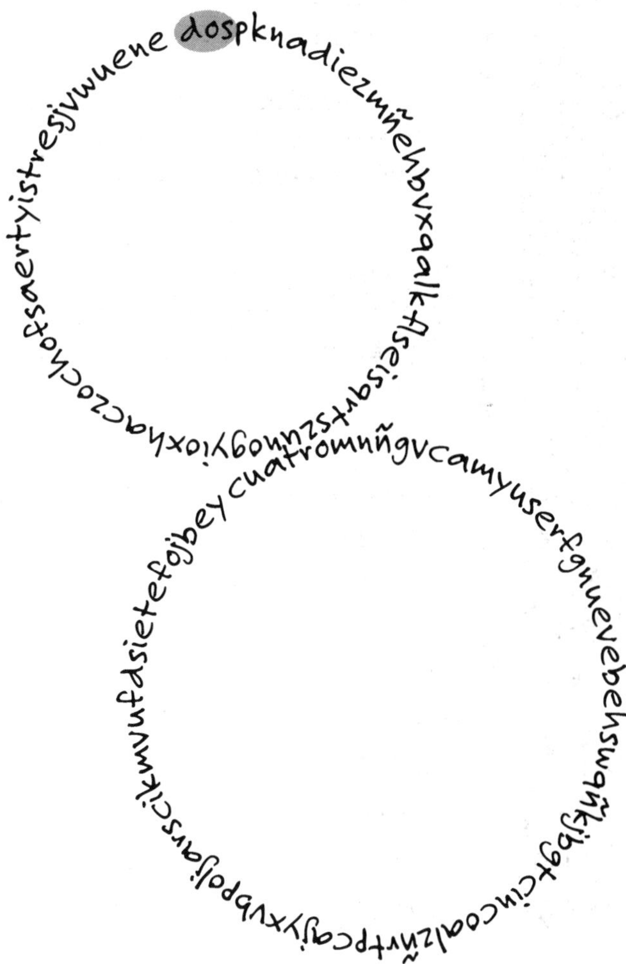

B **¿Qué número forma la figura?**

Actividad 5

En una clase de español los estudiantes hacen estas preguntas a su profesora. Completa los diálogos con los recursos para comunicarse en el aula.

¿Qué significa? • ¿Cómo se escribe? • ¿Puede repetir?
¿Cómo se pronuncia? • ¿Puede deletrear?
¿Puede escribirlo en la pizarra?

1 ● Jefe.
▼ ¿Cómo? No entiendo.
¿__________?
● Jefe.
▼ ¿__________?
● Sí, jota, e, efe, e.

2 ▼ ¿__________ *libro*?
● *Nuevo Avance* es un libro.

3 ▼ ¿__________ *vaso*, con *b* o con *v*?
● Con v.
▼ ¿__________?
● Sí, claro.

4 ▼ ¿__________ *cerveza*?
● Escucha la grabación otra vez. La primera sílaba se pronuncia como *cena*.

Actividad 6

A ¿Qué hacen estas personas: saludar o despedirse?

1 ● ¡Hasta luego!
▼ ¡Hasta luego!

2 ● ¡Hola! Buenos días.
▼ ¡Hola!

3 ● Hola, ¿qué tal?
▼ ¡Muy bien! ¿Y tú?

4 ● ¡Hasta mañana!
▼ ¡Adiós! ¡Hasta mañana!

Diálogo 1: *Despedirse*
Diálogo 2:
Diálogo 3:
Diálogo 4:

B Escribe los diálogos anteriores en los dibujos.

a

b

c

d

C **Ahora saluda tú a tu compañero/a.**

Actividad 7

Escribe palabras que conoces.

1 Palabras que empiezan por b: *botella*, __________________.

2 Palabras que empiezan por n: __________________.

3 Palabras que empiezan por v: __________________.

4 Palabras que empiezan por j: __________________.

Actividad 8

Lee y repite con tu compañero/a. 

- ● Hola, ¿qué tal?
- ▼ Bien, y ¿tú?
- ● Muy bien. ¡Hasta luego!
- ▼ ¡Hasta luego!

1

Ser o no ser

Actividad 1

Completa con la forma adecuada del verbo *ser*.

1 ● ¿De dónde *son* ustedes?
▼ __________ chilenos.

2 ● ¿Cómo __________ Carmen?
▼ __________ muy simpática.

3 ● ¿Quién __________ la chica de la foto?
▼ __________ Susana, mi hermana.

4 ● ¿Qué __________ (vosotras)?
▼ __________ arquitectas.

5 ● ¿De qué color __________ la bandera de Argentina?
▼ __________ azul y blanca.

6 ● Buenos días, __________ (yo) Almudena, la profesora de español.

7 ● ¿De dónde __________ usted?
▼ __________ de Perú.

8 ● ¿Cómo __________ tu país?
▼ __________ pequeño y muy bonito.

9 ● Ellas no __________ modelos.
▼ __________ actrices.

10 ● ¿Quiénes __________ (vosotros)?
▼ __________ los estudiantes del curso de español.

Actividad 2

Completa las frases con el artículo y el color adecuado.

1  *La* nieve es __________.

2  ___ bandera de España es __________ y __________.

3  ___ limón es __________.

4  ___ bandera de México es __________, __________ y __________.

5 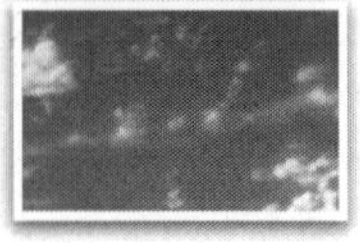 ___ cielo es __________.

6 ___ hierba es __________.

7  ___ zumo de naranja es __________.

8  ___ chocolate es __________.

9  ___ té es __________, __________, __________ o __________.

10  ___ aceitunas son __________ o __________.

Actividad 3

Ordena estos diálogos y escríbelos otra vez. 
Uno es formal y el otro informal.

- Buenos días. Soy M.ª José Ortega.
- Encantada, señora Ochoa.
- Muy bien. ¿Y tú?
- Encantado.
- Hola Pedro, ¿qué tal?

- ¡Hola Luis!
- Buenos días. Encantada de conocerla, señora Ortega. Yo soy Alicia Ochoa, la secretaria. ¿Cómo está usted?
- Bien. Mira, te presento a mi amigo Luis.

DIÁLOGO 1 (INFORMAL)

DIÁLOGO 2 (FORMAL)

Actividad 4

A Observa las fotos y escribe el nombre. 

Ángeles Mastretta • Oscar Niemayer • Stephanie Rice
Ray Loriga • ~~Patricia Durán~~ • Wangari Maathai

1 *Patricia Durán*

2 ________

3 ________

4 ________

5 ________

6 ________

B Ahora ordena los datos sobre estas personas y escribe frases con los datos del recuadro.

~~cantante~~ • Kenia • Brasil • nadadora • España ecologista • escritor y guionista de cine • Australia México • ~~Chile~~ • escritora • arquitecto

1 *Se llama Patricia Durán, es chilena y es cantante.*
2 ______.
3 ______.
4 ______.
5 ______.
6 ______.

Actividad 5

En tu escuela de español te piden algunos datos de información personal. Completa el diálogo.

1 ● Buenos días.
▼ ______.
2 ● ¿Cómo te llamas?
▼ ______.
3 ● ¿De dónde eres?
▼ ______.
4 ● ¿De qué ciudad?
▼ ______.
5 ● ¿A qué te dedicas?
▼ ______.
6 ● Muy bien. Muchas gracias. ¡Hasta luego!
▼ ______.

Actividad 6

Ahora pregunta a tu compañero/a y completa su ficha con sus datos personales. Después, contesta también a sus preguntas.

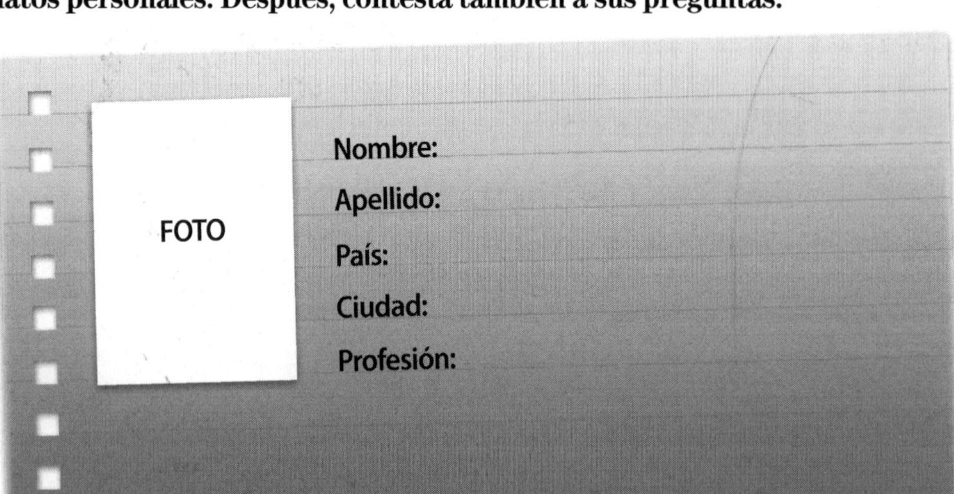

Actividad 7

A Busca ocho adjetivos que se usan para la descripción física de personas.

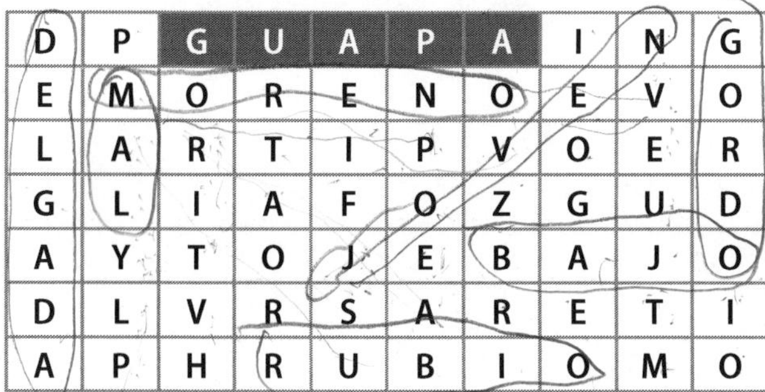

D	P	G	U	A	P	A	I	N	G
E	M	O	R	E	N	O	E	V	O
L	A	R	T	I	P	V	O	E	R
G	L	I	A	F	O	Z	G	U	D
A	Y	T	O	J	E	B	A	J	O
D	L	V	R	S	A	R	E	T	I
A	P	H	R	U	B	I	O	M	O

B Escribe el masculino y el femenino de los adjetivos.

	MASCULINO	FEMENINO
1	*guapo*	*guapa*
2		
3		
4		
5		
6		
7		
8		

Actividad 8

Escucha a María, lee la transcripción (página 84) y di si es verdadero o falso.

1 María es toledana.	V	F
2 Toledo es una ciudad de España.	V	F
3 María es abogada.	V	F
4 Silvia es la profesora de María.	V	F
5 María es morena y Silvia es rubia.	V	F
6 Silvia es de Argentina.	V	F
7 Buenos Aires es pequeño.	V	F
8 Silvia es antipática.	V	F

Actividad 9

Escucha y escribe los números y las profesiones que oyes.  

☐ futbolista.

☐ astranauta.

1 actriz.

☐ jardinero.

☐ profesora.

☐ escritora.

☐ pintora.

☐ potographo.

☐ medico.

☐ camerera.

Actividad 10

Completa el crucigrama con la nacionalidad adecuada.

1 B R A S I L E Ñ A

2 3 4 5 6 7 8 9 10

Horizontales:

1 La capoeira es *brasileña*.
6 La paella es ____________.
8 La cumbia es ____________.
9 El yoga es ____________.
10 El cuscús es ____________.

Verticales:

2 El tango es ____________.
3 El tequila es ____________.
4 El sake es ____________.
5 La pasta es ____________.
7 El taichi es ____________.

2

¿Estudias o trabajas?

Actividad 1

Escucha y subraya las horas que oyes.

1	a 14:45	b 15:15
2	a 17:25	b 16:35
3	a 20:30	b 14:30
4	a 22:10	b 21:50
5	a 16:15	b 15:45
6	a 12:20	b 14:20
7	a 12:55	b 13:00
8	a 7:15	b 6:45

Actividad 2

A Completa el crucigrama con la forma verbal de presente.

Horizontales:

1 Entrar, yo
2 Beber, tú
3 Abrir, ella
4 Hablar, nosotros
5 Subir, nosotros
6 Coger, vosotras
7 Comprar, yo
8 Vender, ellos
9 Contestar, usted

Verticales:

1 Borrar, ellos
2 Leer, ustedes
3 Pronunciar, ellas
4 Abrir, vosotros
5 Desayunar, tú
6 Ver, él
7 Leer, vosotras
8 Cenar, ella
9 Bailar, yo

B Busca en el crucigrama el apellido de un famoso tenista español.

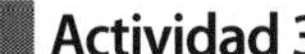

Actividad 3

A Escucha y relaciona. 6

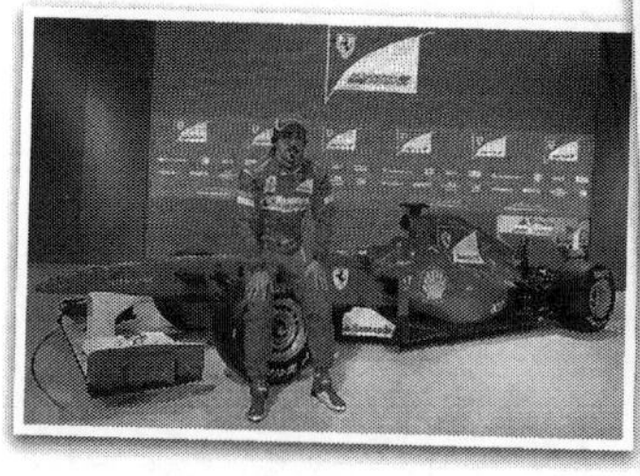

a ☐

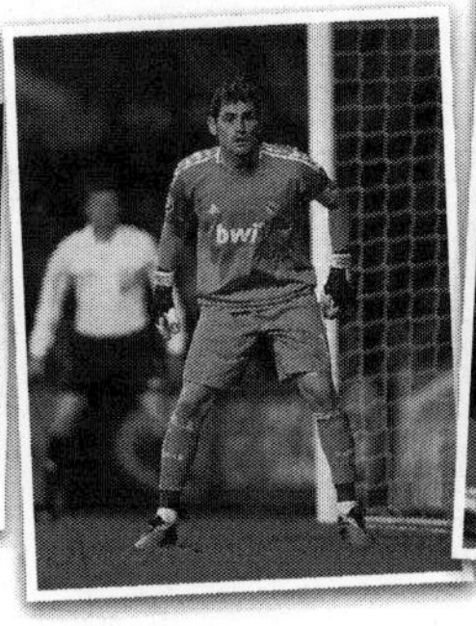

b ☐

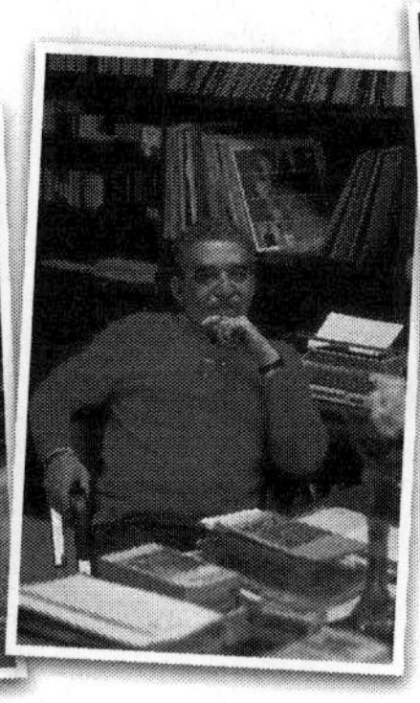

c ☐

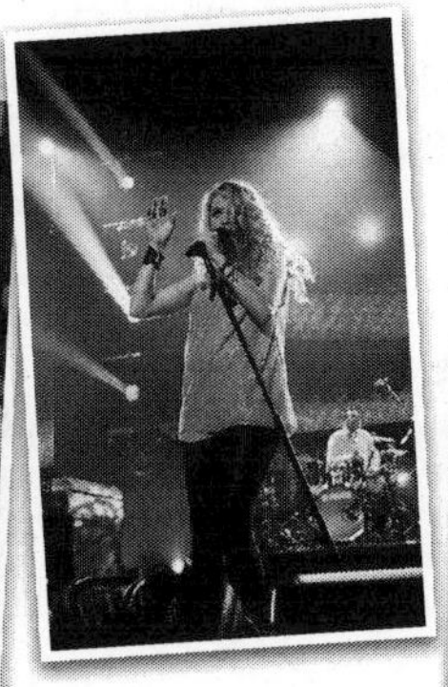

d ☐

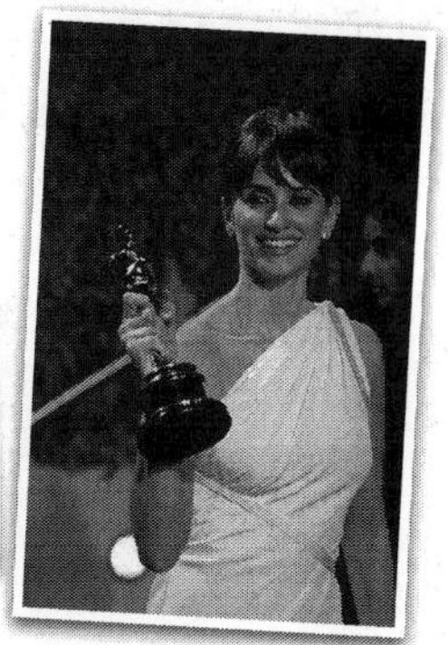

e ✓

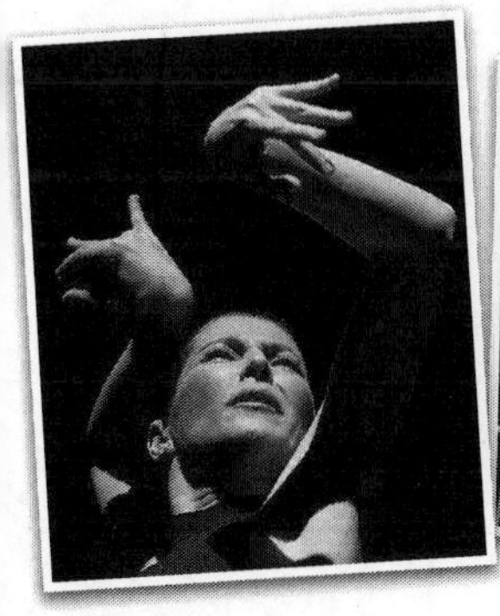

f ☐

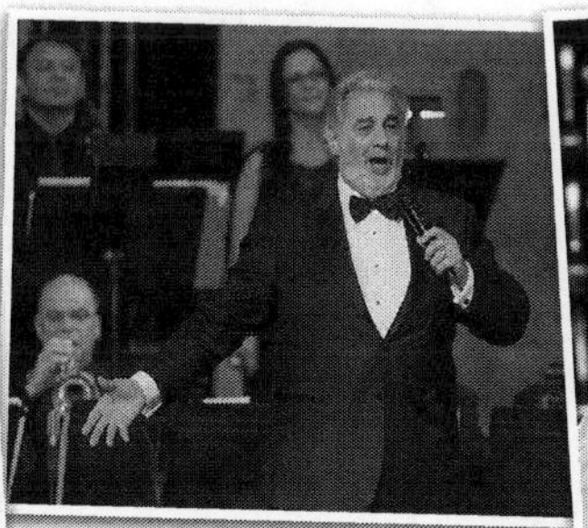

g ☐

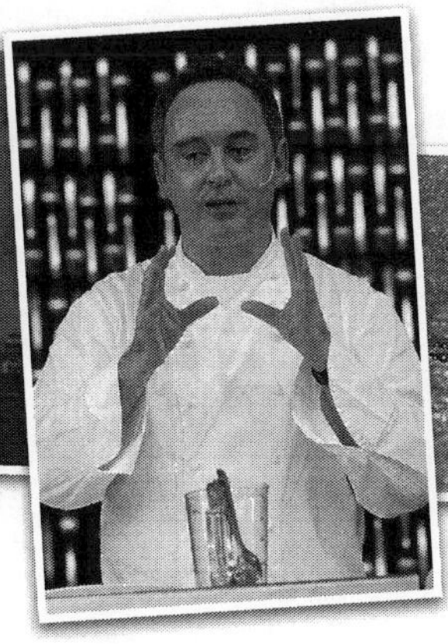

h ☐

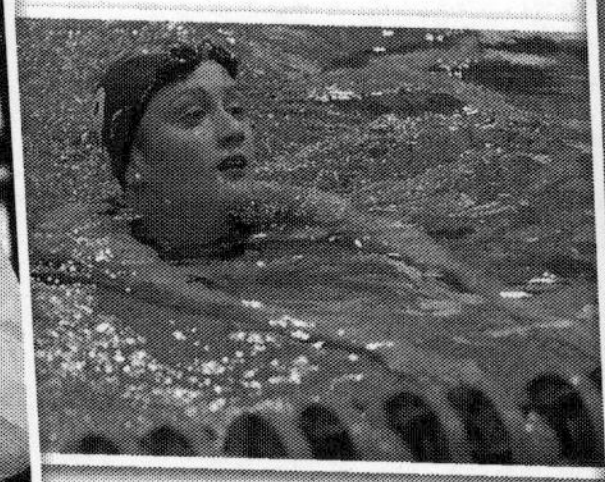

i ☐

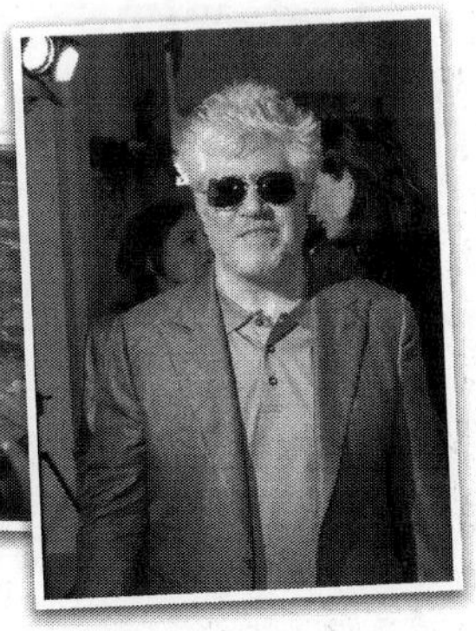

j ☐

Who are the people in the photographs

B Escribe. ¿Quiénes son las personas de las fotografías?

a Fernando Alonso.	f Sara Baras.
b Futbolista Iker Casillas.	g Placido Domingo.
c Gabriel Garcia Marquez.	h Ferran Adria.
d Paulina Rubio.	i Mercia Belmonte.
e actriz Penelope Cruz.	j Pedro Almodovar.

Actividad 4

A Escucha y subraya los números que oyes. 7 sub

22 28 11 14 27 30 16

29 21 15 20 26 19 23

B Escribe y di estos números.

a. 24 ______. c. 17 ______. e. 18 ______.

b. 12 ______. d. 13 ______. f. 25 ______.

Actividad 5

Escribe una pregunta correcta para estas respuestas. Usa los interrogativos.

¿Qué? • ¿Dónde? • ¿De qué? • ~~¿A qué hora?~~
¿De dónde? • ¿Cuál? • ¿Cómo? • ¿De quién?

1 ● *¿A qué hora desayunas?*
▼ Desayuno a las 8:30.

2 ● De Donde eres.
▼ París.

3 ● cual es tu profesion.
▼ Soy panadero.

4 ● Que hora es.
▼ Son las 11:15.

5 ● Donde vives.
▼ En Granada.

6 ● Como es.
▼ Es alta, rubia y simpática.

7 ● de que colour son las bolsas.
▼ Son verdes.

8 ● que estudias.
▼ Estudio Historia.

9 ● De donde.
▼ De Valencia.

10 ● A que te dedicas.
▼ Son de la profesora.

Actividad 6

Completa con *en, de, del, a, al.*

1 Yo, normalmente ceno *a* las nueve ______ la noche.
2 Estudio ______ la Universidad de Salamanca.
3 Vivo ______ Bilbao.
4 La clase ______ español termina ______ las seis ______ la tarde.
5 El coche es ______ director ______ la escuela.
6 Pregunto ______ profesor.

Actividad 7

Escucha y escribe *tú* o *usted*. 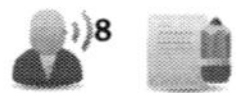

1 *Usted*.

2 ________________.

3 ________________.

4 ________________.

5 ________________.

6 ________________.

Actividad 8

Busca diez lugares. 

O	F	A	M	L	L	I	T	R	E	S	T	I	M	A
N	E	O	C	I	U	K	S	C	O	L	E	G	I	O
L	E	G	U	Ñ	R	R	O	X	A	L	E	I	D	P
B	O	T	U	Y	O	C	I	N	A	M	L	A	B	A
J	R	U	G	E	N	I	P	A	M	O	C	E	F	I
C	E	Z	E	A	D	I	Q	D	U	R	F	A	G	E
A	S	I	B	A	R	O	Q	M	E	D	I	Z	O	D
M	T	S	U	B	F	A	R	M	A	C	I	A	D	I
Ñ	A	T	O	U	F	B	R	I	O	N	E	S	I	S
V	U	H	U	E	T	E	L	O	U	X	F	I	O	C
Y	R	K	O	E	P	I	S	C	I	N	A	W	I	O
L	A	R	E	U	Ñ	R	O	P	I	R	A	C	I	T
J	N	A	S	A	C	I	N	A	E	C	A	L	L	E
V	T	A	L	L	E	R	Y	O	F	A	R	I	A	C
O	E	R	T	I	N	A	W	A	Z	E	T	R	I	A

Actividad 9

Lee los textos de la página 15 y contesta a las siguientes preguntas.

1 ¿De dónde es Sara Baras? ______.
2 ¿Qué hace Mireia Belmonte? ______.
3 ¿Qué necesita Fernando Alonso para su trabajo? ______.
4 ¿Cuál es el premio más importante de Gabriel García Márquez? ______.
5 ¿Dónde trabaja Ferrán Adriá? ______.
6 ¿Cómo es Penélope Cruz? ______.
7 ¿Dónde vive Pedro Almodóvar? ______.
8 ¿De dónde es Paulina Rubio? ______.
9 ¿Cuál es la actriz favorita de Pedro Almodóvar? ______.
10 ¿Quién es la persona del texto 7? ______.

Actividad 10

A Contesta a las preguntas de este cuestionario de la revista *Joven*. 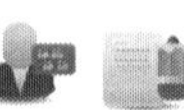

1 ¿Estudias o trabajas? ______.
2 ¿Qué estudias? ______.
3 ¿A qué hora desayunas? ______.
4 ¿Qué desayunas normalmente? ______.

5 ¿A qué hora comes? ______.
6 ¿Dónde comes? ______.
7 ¿A qué hora terminas las clases? ______.
8 ¿A qué hora cenas normalmente? ______.
9 ¿Dónde cenas? ______.
10 ¿Ves la televisión? ______.

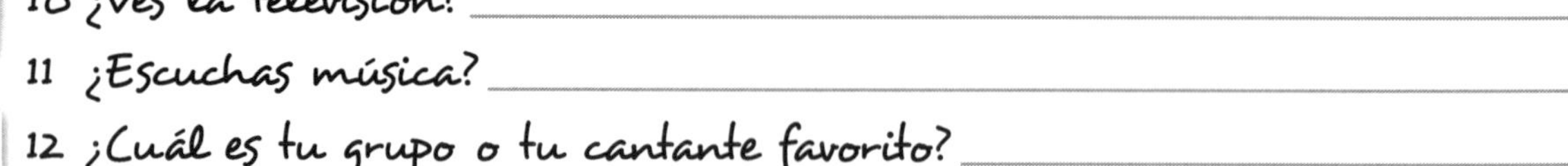

11 ¿Escuchas música? ______.
12 ¿Cuál es tu grupo o tu cantante favorito? ______.

13 ¿Viajas mucho? ______.
14 ¿Cómo viajas normalmente? ______.
15 ¿Escribes emails normalmente? ______.

B Ahora pregunta a tu compañero/a y escribe sus respuestas. Contesta también a sus preguntas.

MI COMPAÑERO/A: Nombre ______________________________.

1 ______________________________.
2 ______________________________.
3 ______________________________.
4 ______________________________.
5 ______________________________.
6 ______________________________.
7 ______________________________.
8 ______________________________.
9 ______________________________.
10 ______________________________.
11 ______________________________.
12 ______________________________.
13 ______________________________.
14 ______________________________.
15 ______________________________.

3 Estoy en España

Actividad 1

A Escribe en los cartones del bingo números del 30 al 50. 

B Escucha y subraya los números que oyes. 9 sub
Si completas el cartón, grita ¡Bingo!

Actividad 2 

A Busca estos objetos de la clase. 

L	W	O	P	I	Z	A	R	R	A	E	L	M	U	L
S	G	M	E	F	O	R	A	M	I	L	H	S	Z	I
T	O	F	V	I	V	B	O	L	I	G	R	A	F	O
G	G	O	J	U	L	A	S	Z	Y	U	B	O	M	V
E	F	O	M	L	O	B	L	O	N	D	I	M	A	O
Q	U	I	M	A	R	E	T	V	X	A	O	E	L	Ñ
H	A	N	S	A	C	A	P	U	N	T	A	S	B	U
G	S	I	L	A	T	U	J	U	N	M	T	A	F	O
X	I	F	I	E	M	L	A	P	I	Z	C	A	M	U
O	L	A	P	V	S	W	A	D	Q	T	F	H	U	R
S	L	R	K	I	M	A	T	R	E	N	O	N	I	L
U	A	F	E	S	T	U	C	H	E	R	E	G	S	I
C	U	A	V	G	O	G	I	L	A	F	N	I	M	B
Z	A	H	A	B	L	O	C	V	E	N	M	O	T	R
J	U	A	R	I	D	A	V	E	N	F	A	L	O	O

write the definite article & the indeterminate article in the singular & in the plural next to each word

B Escribe el artículo determinado y el artículo indeterminado en singular y en plural junto a cada palabra.

the Pencil the pencils a pencil some pencils

1 *el lápiz, los lápices, un lápiz, unos lápices*

2 el Cuaderno, los cuardernos un cuarderno unos cuardernos

3 el libro, los libros, un libro unos libros

4 el caucho, los caucho, un caucho unos cauchos

5

6

7

8

9

10

11

12

Actividad 3

Escribe.

¿Dónde está la gata Brujita?

1 *Está entre la mesa y el sillón.*

2

3

4

5

6

7

8

9

10

11

12

Actividad 4

Completa con las formas correctas del presente del verbo *ser*, *estar* o *hay*.

1 La paella *es* un plato típico español.
2 La capital de Castilla-La Mancha ________ Toledo.
3 Asturias ________ en el norte de España.
4 Salamanca y Valladolid ________ en Castilla y León.
5 En Bilbao ________ un museo de arte contemporáneo muy famoso: el Guggenheim.
6 La Alhambra ________ en Granada.
7 Los pinchos ________ un plato típico del País Vasco.
8 En la costa Mediterránea ________ unas playas maravillosas.
9 En Ibiza ________ discotecas estupendas.
10 El Museo del Prado ________ en Madrid.

Actividad 5

Completa con *un, una, unos, unas, el, la, los, las*.

1 ● ¿Dónde está *la* cama?
▼ Al lado de ________ puerta.
2 ● ¿Dónde están ________ Pirineos?
▼ Entre España y Francia.
3 ● ¿Qué hay en tu estuche?
▼ ________ lápiz, ________ bolígrafos, ________ gomas y ________ sacapuntas.
4 ● ¿Dónde está ________ Puerta del Sol?
▼ En ________ centro de Madrid.
5 ● ¿Hay algo en la nevera?
▼ Sí, hay ________ yogures, ________ huevos y ________ cervezas.
6 ● ¿Cuál es ________ capital de Colombia?
▼ Bogotá.
7 ● ¿Cuáles son ________ lenguas oficiales en España?
▼ ________ español, ________ catalán, ________ vasco y ________ gallego.
8 ● En Tenerife hay ________ Carnavales muy famosos.
▼ Sí, ________ Carnavales de ________ islas Canarias son muy alegres y bonitos.
9 ● ¿Dónde está ________ Casa Rosada?
▼ En Buenos Aires, Argentina, es ________ casa del presidente de la República.
10 ● En mi ciudad hay ________ Catedral preciosa y ________ puente muy antiguo.

Actividad 6

La gata Brujita está ahora en el jardín. Escribe *aquí*, *ahí* o *allí*. 

1 allí

2 ahí

3 aquí

Actividad 7

A Escucha y contesta. ¿Qué clase es, la 1, la 2 o la 3? 

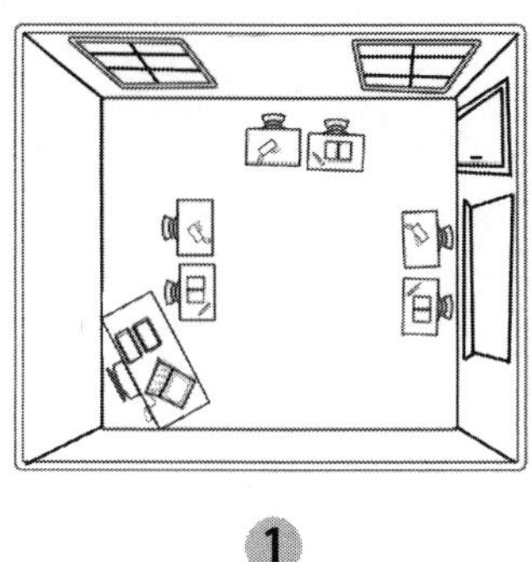

1 2  3

B Escribe sobre tu clase. ¿Cómo es?

es el aula 2

Actividad 8

A Lee.

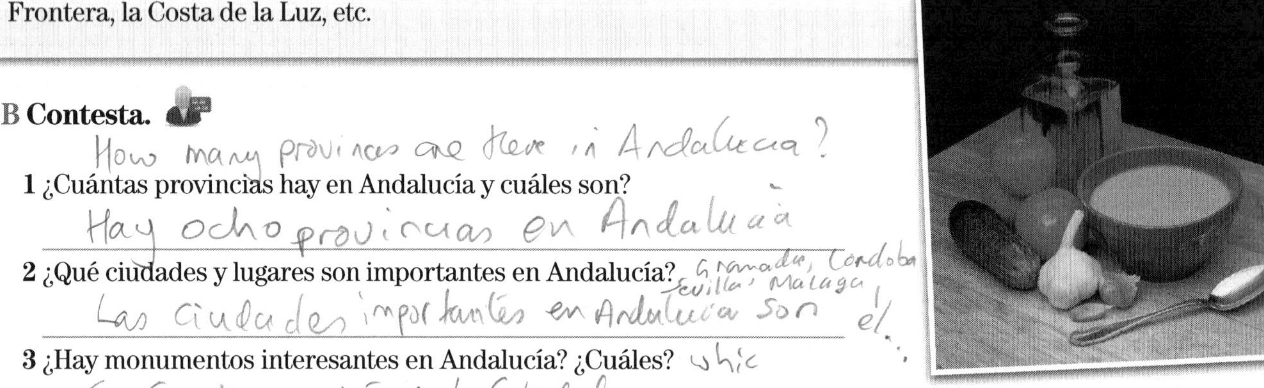

Andalucía es una Comunidad Autónoma de España. Está en el sur de España. En Andalucía hay más de siete millones de habitantes. Las provincias de Andalucía son ocho: Almería, Cádiz, Córdoba, Granada, Huelva, Jaén, Málaga y Sevilla. Sevilla es la capital de Andalucía. El río principal es el Guadalquivir y el monte más alto es el Mulhacén. Ciudades y lugares importantes son: Granada, Córdoba, Sevilla, Málaga, el Parque Nacional de Doñana, Jerez de la Frontera, la Costa de la Luz, etc.

Hay también muchos monumentos y museos interesantes: en Sevilla están la Catedral, la torre de la Giralda y la torre del Oro, en Granada, la Alhambra y los jardines del Generalife, en Córdoba la Mezquita, en Jaén los conjuntos monumentales renacentistas de Úbeda y Baeza, etc.

El clima de Andalucía es excelente. El gazpacho y el pescadito frito son los platos típicos más famosos.

B Contesta.

1 ¿Cuántas provincias hay en Andalucía y cuáles son?

Hay ocho provincias en Andalucía

2 ¿Qué ciudades y lugares son importantes en Andalucía?

Las ciudades importantes en Andalucía son

3 ¿Hay monumentos interesantes en Andalucía? ¿Cuáles?

En Sevilla está el la Catedral

C Escribe la pregunta.

1 • ¿Cual es el nombre del rio principal en Andalucía? ▾ El Guadalquivir.

2 • ¿Como es el clima en Andalucía? ▾ Es excelente.

3 • ¿Cuáles son los platos más típicos de Andalucía? ▾ Son los platos típicos más famosos.

D Ahora escribe tú sobre una región de tu país. Usa las formas adecuadas de *ser*, *estar* y *hay* y el vocabulario que ya sabes.

Actividad 9

Escribe las instrucciones para llegar a los lugares de cada dibujo.

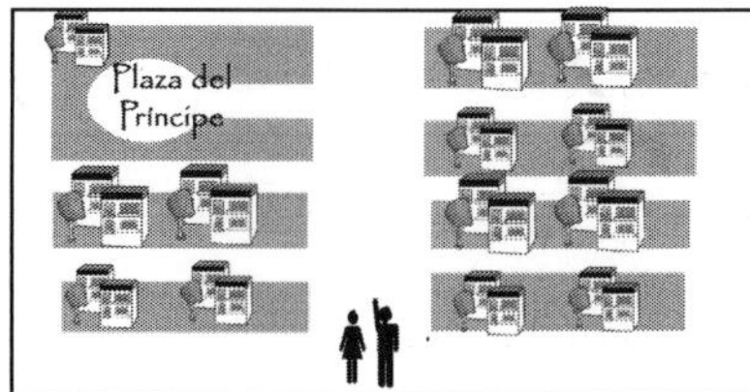

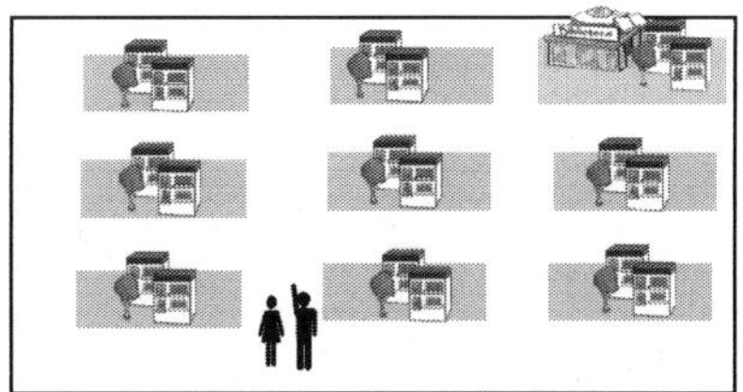

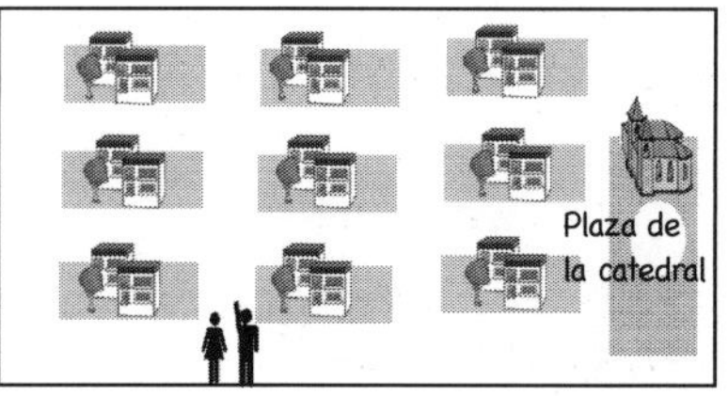

1 ● Perdone, ¿para ir a la Plaza del Príncipe?
▼ *Todo recto y la tercera calle a la izquierda.*

2 ● Por favor, ¿para ir a la Biblioteca Central?
▼ ______________________
____

3 ● Perdona, ¿dónde está la Catedral?
▼ ______________________
____

Actividad 10

En parejas: pregunta y contesta sobre los siguientes lugares, monumentos y museos de España.

● *¿Dónde está Oviedo?*
▼ *En Asturias.*

● *¿Cuál es la capital de las islas Baleares?*
▼ *Palma de Mallorca.*

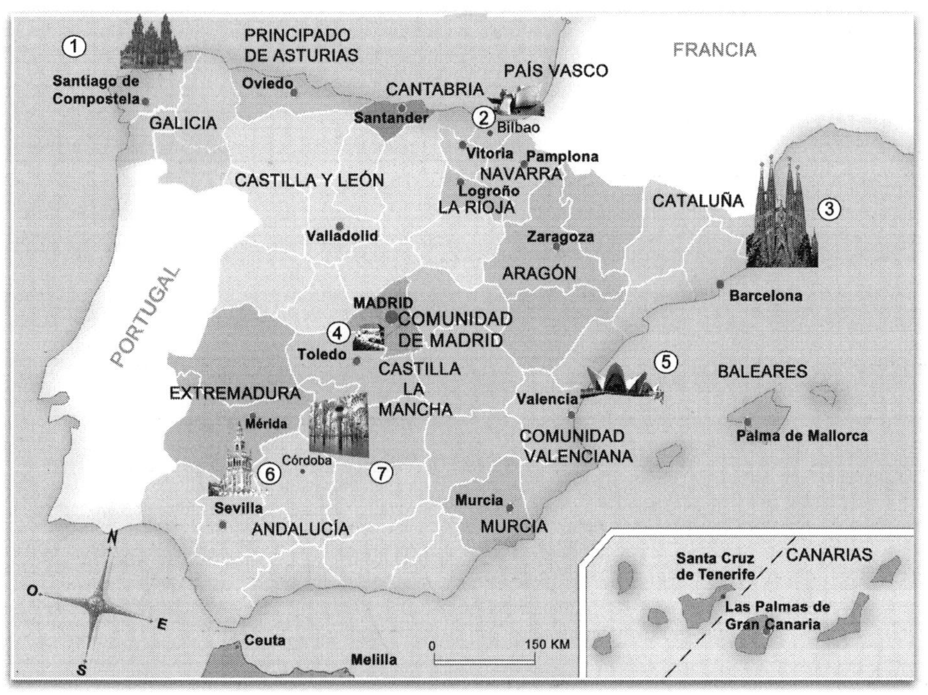

1 Catedral de Santiago
2 Museo Guggenheim
3 La Sagrada Familia
4 Museo Sefardí
5 Museo de las Artes y las Ciencias
6 La Giralda
7 La Mezquita

4

La familia bien, gracias

Actividad 1

A Escucha y completa el árbol de la familia de Ana. 

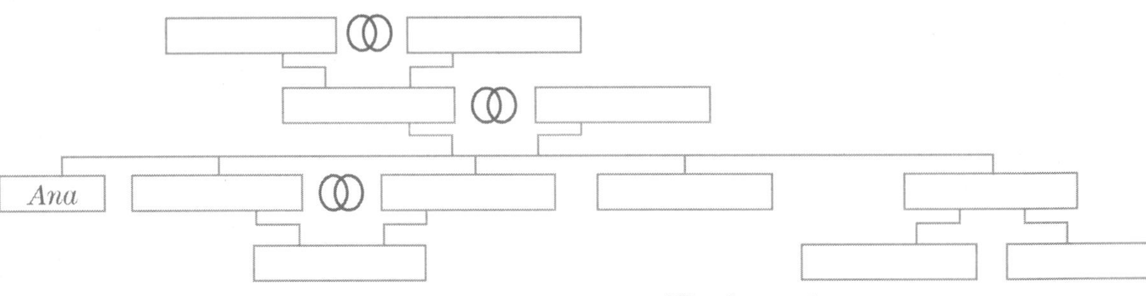

B En parejas, pregunta, contesta y dibuja el árbol de la familia de tu compañero/a. 

● *¿Cómo se llaman tus padres?*

▼ *Inge y Jonas.*

● *¿Inge es tu madre?*

▼ *Sí y Jonas mi padre.*

● *¿Cuántos hermanos tienes?*

▼ *Dos, un hermano y una hermana.*

● *¿Cómo se llaman?*

▼ ...

Actividad 2

Completa el crucigrama con la forma verbal del presente.

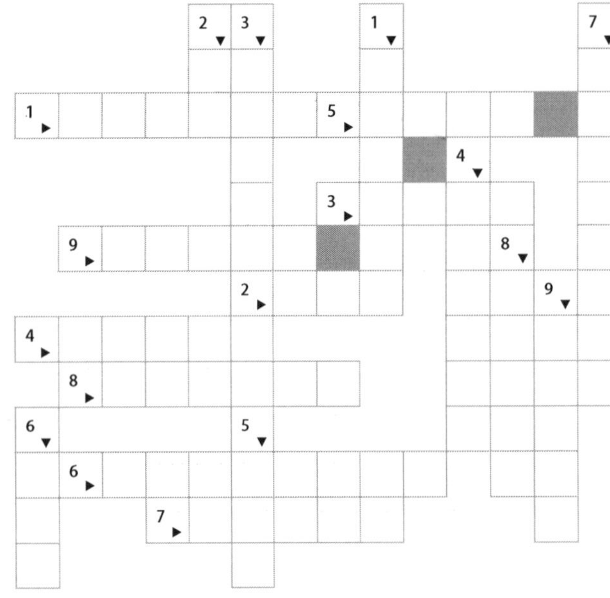

Horizontales:

1 Tener, vosotros
2 Ir, tú
3 Estar, ella
4 Venir, yo
5 Oír, ellos
6 Traducir, yo
7 Ser, nosotras
8 Hacer, vosotras
9 Tener, usted

Verticales:

1 Poner, vosotros
2 Saber, yo
3 Decir, ellas
4 Traer, yo
5 Dar, yo
6 Oír, él
7 Conducir, tú
8 Salir, ustedes
9 Salir, yo

Actividad 3

A Relaciona las fotografías y las palabras. 

Barcelona • tocar el piano • los abuelos de mi novio/a • nadar • México
hacer un bizcocho • ~~inglés~~ • ~~Shakira~~ • Museo del Prado • jugar al fútbol
cocinar • ruso • los amigos de mi novio/a • mi profesor/a • esquiar
jugar al ajedrez • Roma

1

inglés

2 

Shakira

3 

4 

5 

6

7 

8 

9 

10 

11 

12 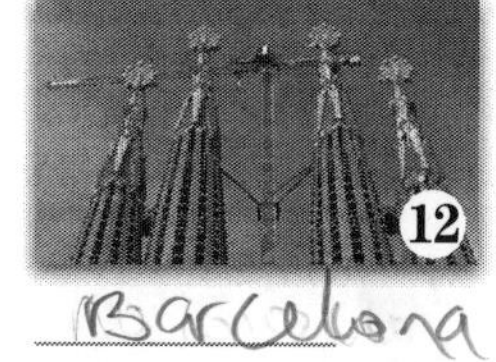

13  

14 

15 

16 

17 

B Usa las palabras anteriores y escribe qué sabes/no sabes y qué conoces/no conoces.

SÉ / NO SÉ

Sé inglés.

CONOZCO / NO CONOZCO

No conozco a Shakira.

Actividad 4

Esta es la agenda de Silvia. Lee y completa con la forma verbal adecuada.  

Mayo

lunes	martes	miércoles	jueves	viernes	sábado	domingo
1 Alemán Aeróbic	2 Reunión trabajo / Aeróbic	3 Reunión trabajo / Aeróbic Cine-Día del espectador / Cena con Álvaro	4 Alemán Aeróbic	5 Aeróbic Tai chi / Reunión trabajo	6 Aeróbic / Fiesta de cumpleaños en casa de Rosa	7 Aeróbic con Laura / Comida con mamá
8 Alemán Aeróbic / Reunión trabajo	9 Aeróbic	10 Reunión trabajo / Aeróbic / Cine-Día del espectador	11 Alemán Aeróbic	12 Aeróbic Tai chi / Reunión trabajo	13 Aeróbic / Monte con Álvaro y Rosa	14 Aeróbic con Laura / Comida con mamá

hacer aeróbic • ir a clases de alemán • tener reuniones de trabajo
practicar tai chi • ir al cine • ir al monte con sus amigos
comer con su madre • cenar con su amigo Álvaro

Silvia...

1 Todos los días ______________________________.

2 Una vez a la semana ______________ y ______________.

3 Dos veces a la semana ______________________________.

4 A veces ______________ y ______________.

5 Muchas veces ______________________________.

6 Normalmente los domingos ______________________________.

Actividad 5

Lee y relaciona. 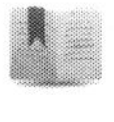

1 Tengo fiebre.

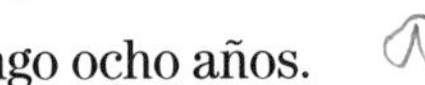
2 Tengo ocho años.

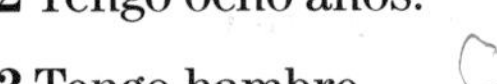
3 Tengo hambre.

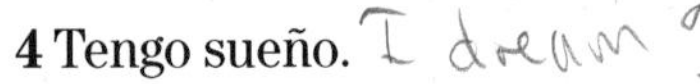
4 Tengo sueño.

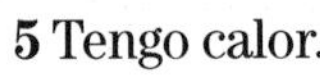
5 Tengo calor.

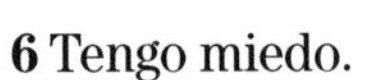
6 Tengo miedo.

7 Tengo sed.

8 Tengo frío.

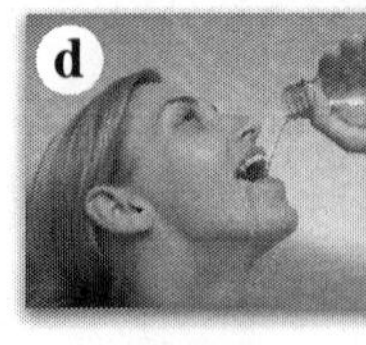

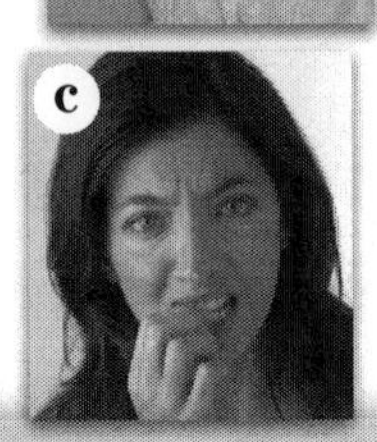

Actividad 6

A Lee el correo electrónico de Karin.
Karin es una estudiante de español y escribe a su amigo Sven.
Tiene algunos problemas con los verbos irregulares.

Mail Archivo Edición Visualización Buzón Mensaje Formato Ventana Ayuda (Cargada) mié 11:41
Nuevo mensaje
Enviar Chat Adjuntar Agenda Tipo de letra Colores Borrador

Para: **De:** karin02@sunmail.com
Cc: **Para:** svenblue@sunmail.com
Asunto: **Asunto:** ¡Hola desde Salamanca!

¡Hola Sven!
¿Qué tal estás? Yo estoy muy bien aquí en Salamanca. Es una ciudad muy bonita. Vivo con una familia muy simpática, María y Mateo son los padres, tenen dos hijos, Arturo y David. Ellos son mis nuevos hermanos.☺
Mateo trabaja en un estudio de Arquitectura y María es enfermera. Arturo y David estudian en el Instituto, Arturo tiene 16 años y David 14.
Mi vida aquí es excitante: haigo muchas cosas. Por la mañana voy a clase de español en una academia. A las 11.00 tenemos el descanso y acabamos las clases a las 13.00. A clase llevo mi libro *Nuevo Avance* y aprendo muchas cosas interesantes. Mi problema es que traduzo mucho y ¡tengo un poco de lío con el español, el sueco y el inglés!
Mi profesora habla despacio y yo pono mucha atención siempre. También da muchos ejemplos y en clase oímos canciones españolas muy famosas.
Mi problema son algunos verbos: no sabo bien los verbos irregulares.

Y ¡no paro!: por las tardes trabajo en un bar del centro. Conozo a muchos estudiantes y a mucha gente de Salamanca porque vienen al bar todos los días. Aquí todo el mundo es muy agradable. Salgo del bar a las 20.00 y a veces doy una vuelta con mis amigos de la academia de español.
¿Qué tal tú? ¿Qué tal en la Universidad?

¡Muchos besos... españoles! ☺
Karin

B ¿Cuáles son las formas verbales incorrectas en el email de Karin? Señálalas y escribe las formas correctas.

Tenen —— Correcto: tienen

C Contesta.

1 ¿Cómo es Salamanca?
2 ¿Cuántos hijos tienen María y Mateo? ¿Cómo se llaman?
3 ¿Qué es María?
4 ¿A qué hora acaban las clases de Karin?
5 ¿Qué hace Karin por las tardes?
6 ¿Qué hace a veces Karin después del trabajo?

Actividad 7

Completa con el posesivo adecuado.

1 ● Sara, ¿cómo se llaman *tus* hijos?
▼ Beatriz y Samuel.

2 ● Señor García, ¿me dice el número de ______ habitación?
▼ Sí, claro. La 34.

3 ● Ricardo, ¿sabes dónde están ______ gafas?
▼ No, no tengo ni idea, lo siento.

4 ● Señora Castro, ¿cuántos años tienen ______ nietos?
▼ El mayor 29 y la pequeña 22.

5 ● Nosotros vemos mucho a ______ primos.
▼ ¡Qué suerte! Yo no tengo primos.

6 ● ¡Hola chicos! ¿Todos estos son ______ amigos?
▼ Sí, es que somos una pandilla muy grande.

7 ● Señor Cebrián, aquí tiene ______ pasaporte.
▼ Muchas gracias.

8 ● Emma, ¿este es ______ libro de español?
▼ Sí, y estos son ______ apuntes, siempre anoto todo en el cuaderno.

9 ● Jordi, perdona, ¿me dejas ______ auriculares?
▼ Sí, claro, ¡toma!

10 ● ¡Tengo mucha hambre! Normalmente ______ hora de comer son las 12.00.
▼ Ya, pero la hora de comer en España es más tarde, las 14.00 o las 15.00.

Actividad 8

Lee la información del árbol de la página 26 y contesta a las siguientes preguntas.

1 ¿Cómo se llaman los padres de Ana?
2 ¿Cuántos sobrinos tiene Ana? ¿Cómo se llaman?
3 ¿Cuántas hijas tienen Rafael y Sofía? ¿Cómo se llaman?
4 ¿Quién es el marido de Cristina?
5 ¿De quién son los padres Ignacio y Josefina?

Actividad 9

A Lee y contesta verdadero o falso. 

DIFERENTES TIPOS DE FAMILIA

Actualmente en España hay diferentes modelos de familia. La familia tradicional clásica (padre, madre y uno o más hijos) es la mayoritaria, pero no la única.

Muchas personas viven en pareja sin estar casados. Entre estas parejas que a veces se llaman «parejas de hecho» algunas tienen hijos y otras no. La natalidad en España es baja: 1,4 hijos por mujer en 2010.

También es común la familia mestiza, es decir, que el padre y la madre son de países y culturas diferentes.

La familia monoparental es la familia con un padre o con una madre (muchas veces son personas divorciadas) y con hijos.

Muchas parejas españolas adoptan niñas y niños extranjeros. Se llaman familias adoptivas.

Y también hay otro tipo de familia que está formada por un hombre y/o una mujer divorciados, que a veces tienen hijos de sus matrimonios anteriores.

En España es posible el matrimonio entre personas homosexuales.

También hay muchas personas, normalmente jóvenes e independientes, que viven solas en las grandes ciudades españolas. Son los solteros o *singles*, en inglés.

p 78 answers'

1 La familia tradicional clásica está formada por padre, madre y un hijo.	V ✓	F
2 Las parejas de hecho no tienen hijos.	V	F ✓
3 En España se tienen muy pocos hijos.	V	(F)
4 En una familia monoparental el padre está divorciado.	V	F ✓
5 Los *singles* son normalmente jóvenes independientes que viven en una gran ciudad.	V ✓	F

B Escucha y relaciona la información con las fotografías.  

Actividad 10

A Dibuja una estrella de 8 puntas. En el centro escribe tu nombre y en los extremos de la estrella escribe los nombres de personas importantes para ti: familiares, amigos/as, novios/as, exnovios/as, profesores, compañeros/as de clase, compañeros/as de trabajo...

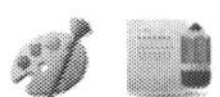

MI GENTE

B Intercambia la estrella con tu compañero/a. En parejas, pregunta y contesta sobre las personas de la estrella: ¿Quiénes son? ¿De dónde son? ¿Cuántos años tienen? ¿Qué son? ¿Cómo son? ¿Están casados o solteros? ¿Tienen hijos? ¿Dónde viven? ¿Dónde estudian/trabajan?

- ● *¿Clara es tu madre?*
- ▼ *No.*
- ● *¿Es tu hermana?*
- ▼ *Sí.*
- ● *¿Cuántos años tiene?*
- ▼ *13.*
- ● *¿Es guapa?*
- ▼ *¡Sí, mucho! Mira aquí tengo una foto...*

5 De fiesta en fiesta

Actividad 1

Escucha y completa las agendas de Víctor y Marta para el fin de semana. 13

La agenda de Víctor

Sábado 5	**Domingo 6**
Expo. "Cómics de siempre" en ______ ______ de ______ a ______. *Chicago* a las ______ en ______.	______ en ______ a las ______ ______.

La agenda de Marta

Sábado 5	**Domingo 6**
Partido a las ______ ______. Comida en casa de la abuela. ______ con Víctor a las ______ en ______.	Cumpleaños de Sandra. Comprar tarta.

Actividad 2

A Lee y contesta.  

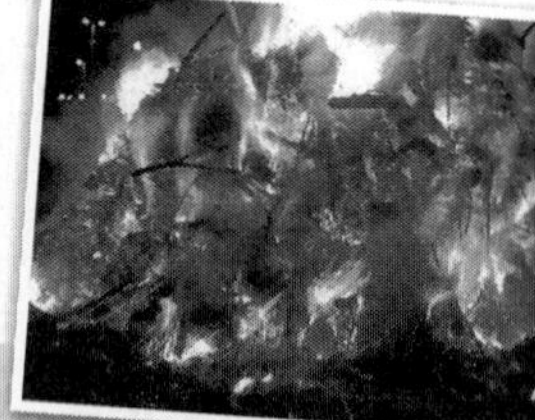

La noche de San Juan

El 24 de junio es San Juan. Se celebra la llegada del verano. El agua y el fuego son elementos muy importantes en esta fiesta. Por la noche se hacen hogueras en la calle y también son muy típicas las verbenas. En las hogueras se queman cosas viejas.

Esa noche la gente va a la playa y todos se acuestan muy tarde, normalmente esperan a la salida del sol. Las fiestas de San Juan son de especial interés en Cataluña, Alicante, Soria y Málaga. En Soria la gente pisa el fuego descalza y a veces llevan a otra persona en la espalda.

1 ¿Cuándo es la fiesta de San Juan?
2 ¿Qué se celebra?
3 ¿Qué hace la gente normalmente en la noche de San Juan?
4 ¿Dónde son muy especiales las celebraciones de San Juan?
5 ¿Qué es típico hacer en Soria?
6 ¿Hay alguna fiesta similar en tu país?

B Si en tu país hay una fiesta similar, escribe cómo se llama, qué se hace y cómo se celebra.

Actividad 3

Ordena las letras y escribe las palabras debajo de las fotos.

1 LLSTAREE *Estrella.*
2 ALNU
3 OEICL
4 RMA
5 PYALA
6 TOAÑMAN
7 LSO
8 MCOAP

a
b
c
d *Estrella*

e
f
g
h

Actividad 4

Completa con *muy*, *mucho*, *mucha*, *muchos*, *muchas*.

1 En San Sebastián hay __________ bares.
2 Estudiamos __________.
3 Tengo __________ sed.
4 Carlos es __________ alto.
5 La Feria de Abril es una fiesta __________ importante en Sevilla.
6 Mi hermana lee __________ y tiene __________ libros.
7 El billete de avión a Chile es __________ caro.
8 Los Carnavales de Cádiz son __________ famosos.
9 No hay __________ pan. ¿Puedes comprar una barra?
10 Trabajas __________ y siempre tienes __________ prisa. ¡Qué estrés!

Actividad 5

Completa con la forma del presente adecuada.

1 ● ¿Paco (sustituir) __________ a Fernando hoy en el partido de fútbol?
▼ Sí, es que Fernando está enfermo.

2 ● ¿(Poder, tú) __________ encender la luz, por favor? No (ver, yo) __________ nada.
▼ Sí, claro.

3 ● Soy muy terco. Siempre (conseguir, yo) __________ lo que (querer, yo) __________.
▼ Pues yo soy muy despistada. Siempre (perder, yo) __________ todo.

4 ● ¿Qué (soler, tú) __________ hacer en verano?
▼ Normalmente (ir, yo) __________ mucho a la playa y mis amigas y yo (jugar) __________ al voleibol.

5 ● ¿A qué hora (cerrar) __________ los bancos en España?
▼ Normalmente a las 14.00 o 14.15.

6 ● ¿Qué color (preferir, usted) __________?
▼ El rosa.

7 ● ¡No (encontrar, yo) __________ el bolso! (Tener, yo) __________ dentro el dinero, los documentos y el libro.
▼ Pues yo nunca (traer) __________ dinero a clase.

8 ● (Soñar, yo) __________ muchas veces que (perder) __________ el autobús y que las clases (empezar) __________ y no (llegar, yo) __________.
▼ ¿Sí? ¡Yo nunca (acordarse de) __________ mis sueños!

9 ● ¿(Incluir, ustedes) __________ los gastos de comunidad en el alquiler del piso?
▼ Sí, normalmente, sí.

10 ● (Pensar, yo) __________ mucho las cosas. Siempre (contar, yo) __________ hasta tres antes de hacer o decir algo.
▼ Sí, es bueno hacer las cosas con calma.

11 ● Cuando no (poder, yo) __________ dormir por la noche, (oír) __________ la radio o (leer) __________ un poco.
▼ ¡Ah! Yo no (hacer) __________ eso, yo (soler) __________ tomar una infusión y (encender) __________ la tele un rato, pero no siempre (conseguir, yo) __________ dormir.

Actividad 6

Completa el texto con la forma del presente adecuada.

¡Hola! Me llamo Patricia y soy de Valencia. Es marzo y estoy muy contenta porque (celebrarse) __________ una fiesta muy importante en mi ciudad: Las Fallas. (Estudiar, yo) __________ en Madrid y (vivir, yo) __________ normalmente allí, pero en Las Fallas (volver, yo) __________ a Valencia. ¡No (poder, yo) __________ perderme Las Fallas! Hay mucha música y mucho ruido por la calle. La fiesta dura una semana, del 12 al 19 de marzo y en estos días muchas veces (salir, yo) __________ con mis amigos por la noche y (acostarse, nosotros) __________ muy tarde, sobre todo, la noche del 19 de marzo nadie (dormir) __________ en la ciudad. Esa noche es muy especial porque se queman las fallas, que son grandes esculturas de cartón. Pero una no se quema y se guarda en el Museo Fallero. Mis abuelos (recordar) __________ muchas fallas de años pasados y (pensar, yo) __________ que son muy bonitas. ¿(Querer, tú) __________ venir a Las Fallas?

Actividad 7

A Lee este poema y di qué significa *te quiero*. Puedes decirlo en tu idioma.

Te quiero y muero
Sueño
Te quiero y sueño
Encuentro
Te quiero y encuentro
Cuento
Te quiero y cuento
Construyo
Te quiero y construyo
una casa para vivir
pero te quiero y muero
muero de amor por ti.

Diana, 14-2-2011

B El 14 de febrero es San Valentín y algunas personas escriben poemas de amor para su novio/novia. Contesta a las preguntas.

1 ¿Se celebra el día de San Valentín o una fiesta similar en tu país?
2 ¿Se llama también San Valentín y es el 14 de febrero o es otro día?
3 ¿Qué es típico hacer ese día?
4 En España mucha gente piensa que San Valentín es una fiesta comercial para comprar cosas y hacer regalos. ¿Piensas esto tú también?

C ¿Puedes escribir un mensaje de amor para una persona especial?

Actividad 8

Escucha estos seis diálogos entre dos personas. Cada diálogo se oye dos veces. Relaciona los diálogos con las imágenes. Hay 3 imágenes que no debes seleccionar.

diálogo 1:	*c*
diálogo 2:	
diálogo 3:	
diálogo 4:	
diálogo 5:	
diálogo 6:	

a)

b)

c)

d)

e)

f)

g)

h)

i)

Actividad 9

Este es el plan de Daniel para tres días en los Sanfermines de Pamplona. Lee y completa las frases con la información del texto.

6 Julio · lunes	7 Julio · martes	8 Julio · miércoles
6.00 Salida de Madrid en autobús hacia Pamplona.	7.00 Desayuno con Fermín y Santi.	6.00 Desayuno en el hostal.
10.30 Llegada al hostal Hemingway.	8.00 ¡Correr en el encierro de los toros! (con Fermín y Santi).	06.45 Dianas en la Plaza Consistorial y en la plaza de toros.
12.00 Chupinazo en el Ayuntamiento.		8.00 Ver el encierro.
14.00 Comer un bocadillo en la Plaza del Castillo.	14.00 Comida en el hostal.	12.00 Exhibición de deportes rurales vascos en la Plaza de los Fueros.
16.00 Visita al centro histórico.	18.30 Corrida de toros en la plaza de toros.	14.00 Comer un bocadillo.
20.30 Verbena en el Paseo de Sarasate con la Orquesta Scorpio.	20.00 Verbena en la Plaza de la Cruz con la Orquesta Camaleón.	17.00 ¡Comprar algunos "souvenirs" para mamá!
23.00 Fuegos artificiales en el Parque de la Ciudadela.	22.00 Cenar un bocadillo.	20.00 Salida del hostal. Regreso a Madrid.
00.30 Concierto de Fangoria en la Plaza de los Fueros.	23.00 Hostal.	2.00 Llegada a Madrid.

1 Compra “souvenirs” para su *madre*.
2 El día que se acuesta más pronto es ________________.
3 Los días que no come en el hostal son ________________ y el ________________.
4 El concierto del día 6 es de ________________.
5 Los deportes que ve son ________________.
6 Los amigos pamplonicas de Daniel son ________________ y ________________.
7 El día que corre en el encierro de los toros es ________________.
8 Visita la ciudad el ________________.

Actividad 10

A Pregunta a tu compañero/a y escribe sus respuestas. Contesta también a sus preguntas.

1 ¿Cuándo es tu cumpleaños?
2 ¿Es en invierno o en verano? ¿En primavera? ¿En otoño?
3 ¿En qué mes?
4 ¿Qué día?
5 ¿Hay alguna fiesta importante en tu país en el mes de tu cumpleaños?
6 ¿Conoces alguna fiesta hispana importante en el mes de tu cumpleaños?

El cumpleaños de mi compañero Michele es en otoño, el 9 de octubre. En su país, Italia, el 4 de octubre hay una fiesta muy importante, San Francisco de Asís y en España e Hispanoamérica el 12 de octubre es el Día de la Hispanidad. En España también hay una fiesta muy importante en Zaragoza porque el 12 de octubre celebran el Pilar...

B Entre todos también podéis preguntar al profesor/a.

C Ahora podéis dibujar un calendario y escribir los meses, las estaciones, los cumpleaños de los compañeros/as y del profesor/a y las fiestas.

Los cumpleaños de la clase

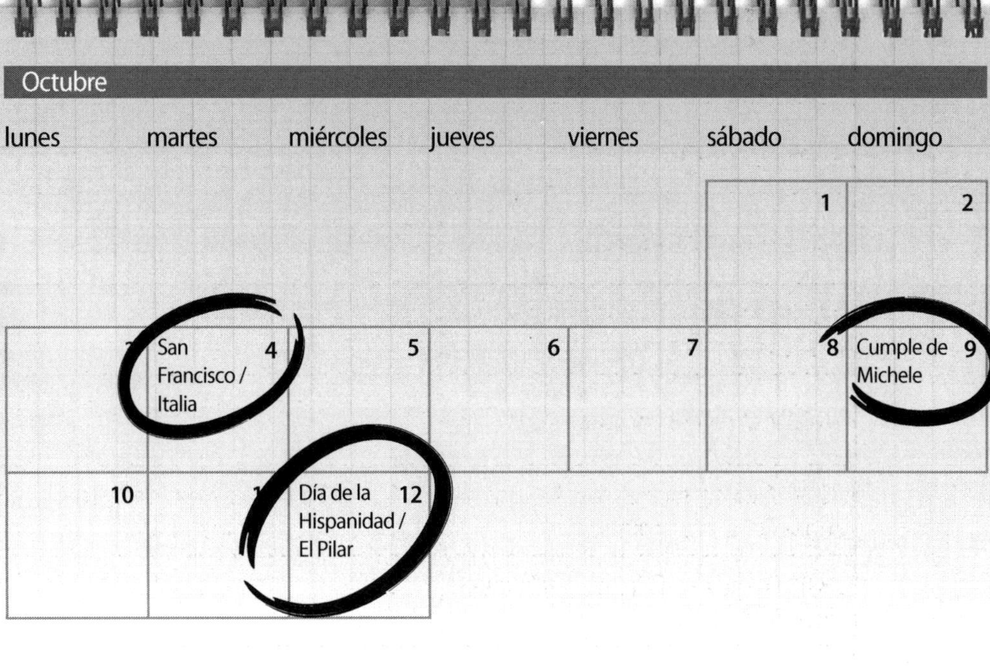

6

Un dia normal en la vida de...

Actividad 1

A Lee este test de la revista Imagen y contesta a las preguntas. 

¿ERES PRESUMIDO/A?

1 ¿Cuánto tiempo necesitas para ducharte?
- **a** Media hora o más.
- **b** 15 minutos.
- **c** 3 minutos.

2 ¿Te das cremas después de bañarte o ducharte?
- **a** Sí, siempre. Tengo una crema para el cuerpo, otra para la cara, otra para el cuello...
- **b** A veces. Solo si tengo tiempo.
- **c** No, nunca.

3 ¿Cuántas veces te lavas el pelo?
- **a** Todos los días.
- **b** Tres veces a la semana.
- **c** Una vez a la semana.

4 ¿Lees revistas de moda?
- **a** Sí, muchas veces.
- **b** A veces.
- **c** No, casi nunca.

5 Para un viaje de una semana llevas...
- **a** Dos maletas.
- **b** Una maleta.
- **c** Una maleta pequeña.

6 ¿Te maquillas o te afeitas?
- **a** Sí, todos los días.
- **b** Solo a veces, en ocasiones especiales.
- **c** Una vez a la semana.

7 ¿Te pones perfume?
- **a** Sí, siempre uso mi perfume favorito.
- **b** Normalmente no, solo a veces.
- **c** Nunca me pongo perfume.

8 ¿Cuántas veces vas a la peluquería?
- **a** Una o dos veces al mes.
- **b** Cuatro o cinco veces al año.
- **c** No voy casi nunca. Me corto y me tiño el pelo en casa.

9 ¿Te depilas?
- **a** Sí, una o dos veces al mes.
- **b** Normalmente solo en verano.
- **c** No, casi nunca.

10 ¿Cuánto tiempo necesitas para vestirte?
- **a** Una hora. ¡También necesito tiempo para los complementos!
- **b** 15 o 20 minutos.
- **c** 5 minutos.

B **Escribe los verbos debajo de cada fotografía y relaciona las fotos con las preguntas.**

a *Ducharse, 1*.

e depilas.

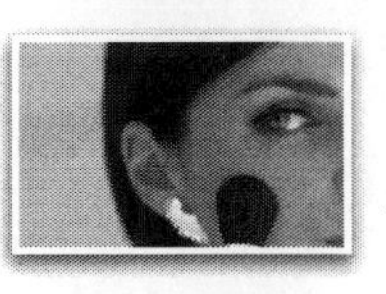

b 6 b.

f 7 b perfumarse.

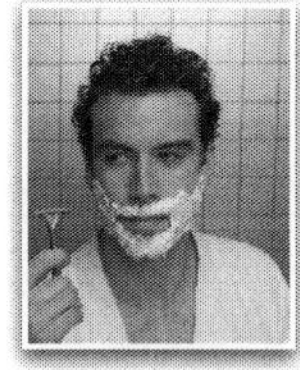

i no, yo nunca me afeito.

c 10 c.

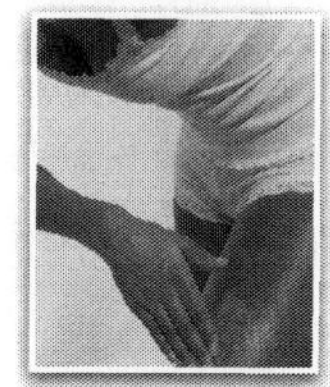

g 9 c.

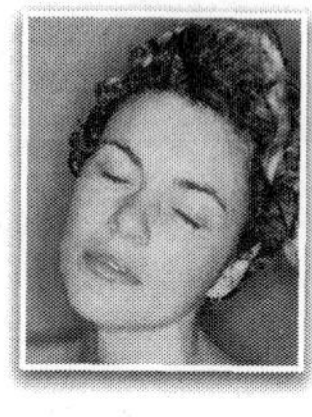

j 3 c.

d 4 a.

h 8 Cortarse cut.

C **Lee los resultados y comenta con tu compañero/a las respuestas.** 

RESULTADOS DEL TEST

Mayoría de respuestas A
Eres muy presumido/a. Cuidas mucho tu imagen y el aspecto físico es muy importante para ti.

Mayoría de respuestas B
Te cuidas para tener una buena imagen y encontrarte bien, pero esto no es lo más importante para ti.

Mayoría de respuestas C
No cuidas tu imagen. No te importa mucho el aspecto físico y ¡no eres nada presumido/a!

D **Ahora, ¿puedes explicar con tus palabras qué significa *ser presumido/a*?** 

____

____

____.

Actividad 2

A Escucha a Olga Nevado, una locutora de radio de un programa nocturno y contesta las preguntas. 15

1 ¿Dónde trabaja Olga?
2 Según Olga, ¿es aburrido su trabajo?
3 ¿A qué hora termina el programa?
4 ¿A qué hora se acuesta Olga?
5 ¿Cuántas horas duerme Olga?
6 ¿Qué hace Olga a la hora de comer?
7 ¿Qué hace Olga desde las 16.00 hasta las 19.00?
8 ¿Dónde cena? ¿Con quién?
9 ¿A qué hora empieza el programa *Palabras en la noche*?
10 ¿Por qué son diferentes los fines de semana de Olga?

B Compara tus respuestas con las de tu compañero/a. 

C Podéis escuchar otra vez a Olga y comprobar vuestras respuestas. 15

Actividad 3

A Pregunta a tu compañero/a. 

1 Hora/despertarse *¿A qué hora te despiertas?* __________.
2 Hora/levantarse __________.
3 Qué/desayunar __________.
4 Hora/salir de casa __________.
5 Hora/comer __________.
6 Qué/Dónde/comer __________.
7 Hora/volver a casa __________.
8 Ducharse/por la mañana/por la noche __________.
9 Ver la tele/Leer/Estudiar/Hablar con tu pareja/con tus padres... __________.
10 Hora/cenar __________.
11 Hora/acostarse __________.
12 Hora/dormirse __________.

B Ahora escribe las respuestas de tu compañero.

Mi compañera Dóvile se despierta muy pronto, a las 6.30 de la mañana, ¡es muy presumida y necesita mucho tiempo para vestirse!, se levanta a las 6.45, desayuna zumo de naranja, café y leche con cereales. Sale de casa a las 8.30 y va a la Universidad... __________

____

____

__________.

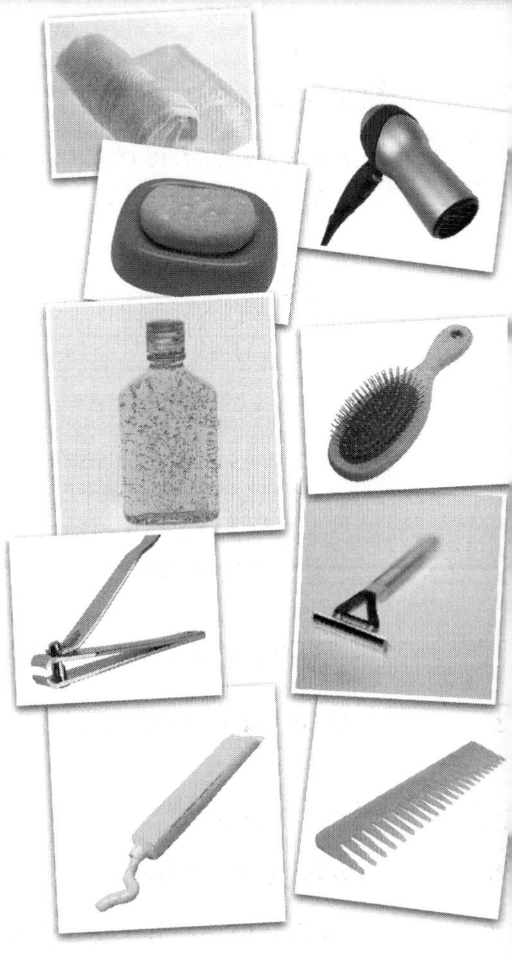

Actividad 4

Busca estos objetos de aseo.

R	Y	I	U	H	J	B	V	C	X	M	K	P	D	J
Ñ	D	A	R	E	T	C	I	B	V	D	M	P	E	I
Q	W	A	B	C	I	P	U	L	L	I	P	U	N	A
L	X	Z	F	E	O	Y	O	T	A	M	E	L	T	Q
U	P	I	B	P	A	L	T	O	N	I	I	J	I	U
C	V	Z	E	I	R	A	L	Ñ	H	O	N	L	F	Y
R	O	B	T	L	G	E	N	E	R	O	E	H	R	E
A	R	R	I	L	J	G	A	T	B	G	E	M	I	Z
P	R	I	T	O	A	L	L	A	K	Ñ	O	Y	C	A
L	L	C	H	A	I	D	J	S	E	C	A	D	O	R
L	O	N	G	T	U	A	Y	M	B	H	K	P	U	I
E	V	U	C	A	R	Ñ	J	Y	Q	A	M	O	R	I
C	U	C	H	I	L	L	A	G	B	M	Ñ	I	B	O
W	X	I	L	E	N	T	O	S	H	P	V	I	V	I
R	I	C	A	T	H	O	A	E	S	U	F	I	P	F

Actividad 5

Completa con el presente de los verbos reflexivos.

1 ● ¿(Ducharse, nosotros) *Nos duchamos* ahora?
▼ Sí, es necesario antes de entrar en la piscina.

2 ● Los gatos (dormirse) ____________ muy rápido.
▼ Pero también (despertarse) ____________ con todos los ruidos.

3 ● No (encontrarse, yo) ____________ bien.
▼ Yo tampoco, creo que es la comida, está mala.

4 ● ¿(Sentirse, tú) ____________ cómodo en el nuevo piso?
▼ Sí, genial, es muy bonito y grande.

5 ● ¡(Irse, nosotros) ____________! ¡Hasta mañana, chicos!
▼ ¡Hasta mañana!

6 ● Tamara siempre (vestirse) ____________ con mucho gusto.
▼ Sí, es muy elegante.

7 ● ¿Cuántas veces (cepillarse, ustedes) ____________ los dientes al día?
▼ Normalmente, tres.

8 ● Mi hermana siempre (peinarse) ____________ y (cepillarse) ____________ el pelo antes de dormir.
▼ Uff, yo no, ¡qué pereza*!

9 ● ¿Por qué siempre (sentarse, tú) ____________ en la misma silla en clase?
▼ ¡Porque me da suerte*!

10 ● ¿Cómo (llamarse) ____________ tu madre?
▼ Pilar.

11 ● (Reírse, yo) ____________ mucho con este programa de la tele.
▼ ¿Sí? Yo (aburrirse) ____________ un poco. Prefiero las pelis.*

* **¡Qué pereza!**: decimos *¡qué pereza!* cuando no tenemos ganas de hacer algo.
* **Dar suerte (algo)**: cuando un objeto me da suerte, creo que me pasan cosas buenas.
* **Pelis**: películas (coloquial).

Actividad 6

Completa con el pronombre reflexivo si es necesario.

1 ● ¿Ya *os* marcháis? ¡Qué pronto!
▼ Sí, porque ¡perdemos el autobús!

2 ● ¿Qué ______ desayunas normalmente?
▼ Café y galletas.

3 ● ¿Tu padre ______ afeita con cuchilla?
▼ Sí, él sí, pero yo ______ afeito con maquinilla eléctrica.

4 ● ¿______ secáis el pelo con el secador?
▼ Solo en invierno. En verano no ______ usamos el secador.

5 ● Mis hijos ______ lavan las manos siempre antes de comer.
▼ Eso está bien. Es una buena norma de higiene.

6 ● Mis amigas y yo ______ maquillamos en ocasiones especiales.
▼ Pues yo ______ maquillo siempre, ______ pinto las uñas, ______ doy cremas y ______ pongo perfume todos los días.

7 ● ¿Qué ______ pones para las fiestas?
▼ Normalmente un vestido elegante y zapatos de tacón.

8 ● Los niños ______ divierten mucho en los columpios de ese parque.
▼ Y también ______ tienen mucho espacio para jugar.

9 ● ¿A qué hora ______ acostáis?
▼ Depende, de lunes a viernes ______ acostamos a las 23.00 porque ______ levantamos pronto, pero los fines de semana ______ acostamos sobre las 2.00.

10 ● Buenas tardes, ______ tengo depilación a las seis y media.
▼ ¡Cuánto lo siento! La esteticista no está, está enferma.
■ ¡Vaya! ¡Qué faena!

Actividad 7

Relaciona los diálogos y las imágenes. 

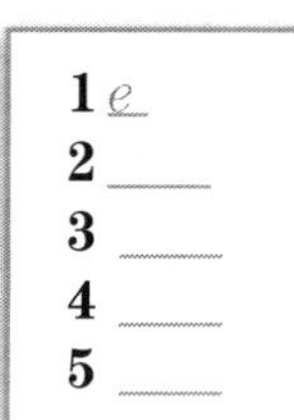
1 *e*
2 ____
3 ____
4 ____
5 ____

1 **Montse**: Estas faldas son muy bonitas y frescas para el verano...
Adriana: Mamá, yo prefiero aquellos pantalones...
Montse: ¿Los vaqueros del fondo? A ver...

2 **Adriana**: Mamá, mira, ese cinturón es ideal para mi pantalón negro...
Montse: Es muy ancho, ¿no? ¿Qué te parecen estos? Son un poco caros pero son muy bonitos.
Adriana: ¿Cuánto cuestan?
Montse: 30 euros. Sí, son muy caros...

3 **Montse**: Adriana, esas camisetas de ahí son preciosas y tú te pones siempre muchas camisetas.
Adriana: Sí, están muy bien. También este bolso de estilo hippy me encanta.
Montse: Pero hoy no podemos gastar mucho dinero, ¿eh?

4 **Adriana**: Mira, mamá, aquellos paraguas... pronto es el cumpleaños de papá y necesita uno.
Montse: Sí, pero también necesita calcetines... ¿Dónde hay calcetines?
Adriana: Creo que en la segunda planta, mamá. Vamos.

5 **Montse**: Ese vestido de flores es precioso y es de mi talla, seguro.
Adriana: ¿Cuál? ¿Ese de ahí? Es bonito, pero yo prefiero este de rayas.
Montse: ¿Cuánto cuesta?
Adriana: 45 euros.
Montse: Sí, está muy bien...

a

b

c

d

e

Actividad 8

Gabriel va un fin de semana a casa de su amigo Quique. ¿Qué lleva Gabriel en la mochila? Escríbelo. Puedes usar el diccionario y preguntar al profesor.

Gabriel lleva *un jersey de rayas,* ______________________

____

____

Actividad 9

Lee los textos de estas tiendas. Relaciona los anuncios de cada tienda con el número correspondiente de las personas que hablan. Hay tres anuncios que no debes seleccionar.

A ***Modas Marisa***
Ropa de señora. Para una mujer clásica y también urbana y moderna. Oportunidades y primeras marcas. Abrimos también los sábados todo el día.

B ***En el fondo del mar***
Equipos completos de submarinismo. Todo lo que necesitas para bucear. También organizamos cursos de iniciación al buceo. Abrimos de lunes a viernes de 10:00 a 13:30 y de 17:00 a 20:00.

C ***Étnicos***
Tenemos ropa y complementos artesanales de todo el mundo. Lo último en ropa de inspiración africana. Estamos en la Parte Vieja, calle Curtidores, número 6. Abrimos también los sábados por la mañana y algunos domingos.

D ***El jardín de Alicia***
Ideal para una mujer romántica que le gustan los vestidos de flores, las blusas de seda y la moda *retro* y *vintage*. Diseños exclusivos. Ropa especial para celebraciones y fiestas. Horario: de lunes a viernes de 10:30 a 13:00 y de 16:00 a 20:00. Sábados de 10:30 a 13:30.

E ***Él***
Ropa de caballero y joven. Tenemos todos los estilos: clásico, informal, urbano, deportivo. También tenemos zapatería y sección de trajes de novio. Abrimos de lunes a sábado en horario continuo de 10:30 a 20:00.

F ***Guau y Miau***
¿Quieres vestir a tu mascota a buen precio? Tenemos todo tipo de ropa y accesorios para tus animales: jerseys, abrigos, impermeables, correas...

G *El paraíso de los complementos*
Tu tienda de bolsos, paraguas, cinturones, pañuelos, bufandas y todo tipo de accesorios para viajes, en el centro de la ciudad. Primeras marcas en maletas como Simsonite. Tenemos todo lo que imaginas. Estamos en la Plaza de España en horario de lunes a sábado. No cerramos a mediodía.

H *Campeón*
Los amantes del deporte ya tienen una tienda para ellos. Tenemos todo tipo de ropa y calzado deportivos. Equipos completos para todos los deportes, también ropa de montaña y deportes de aventura. Primeras marcas. Estamos en la calle Madrigal, 9 y también en el centro comercial Plaza Central.

I *Chiquitines*
Ropa y calzado para bebés y niños de 0 a 12 años. Ropa cómoda y práctica. Precios económicos. Ideal para papás y mamás con poco tiempo para ir de compras. Abrimos todos los días en horario continuo de 10.30 a 20.30.

1. Soy Adrián. Tengo 36 años y soy abogado. Necesito ropa clásica para el trabajo y ropa más informal para los fines de semana.
2. Buscamos una tienda joven con diseños coloristas y ropa con motivos folk de todo el mundo.
3. Buscamos ropa a buen precio para nuestros hijos. Van a la escuela, jueg todo el día, hacen deporte y necesita ropa infantil muy cómoda.

4. Me llamo Laura, tengo 45 años. Soy trabajadora social. Necesito ropa femenina, cómoda y urbana para el día a día.
5. Somos dos amigas y en julio viajamos juntas a Sevilla. Tenemos ropa muy bonita pero necesitamos algunos accesorios de verano como sombreros y gafas de sol. ¡Tampoco tenemos maletas!
6. En casa somos cuatro, mi marido Fabio, mi hija Sonia, nuestra perrita, Milú y yo. En los días de lluvia y nieve Milú necesita ropa de abrigo para sus paseos porque tiene frío.

1	2	3	4	5	6
E					

Actividad 10

Mira las fotografías y completa la pregunta o la respuesta. 

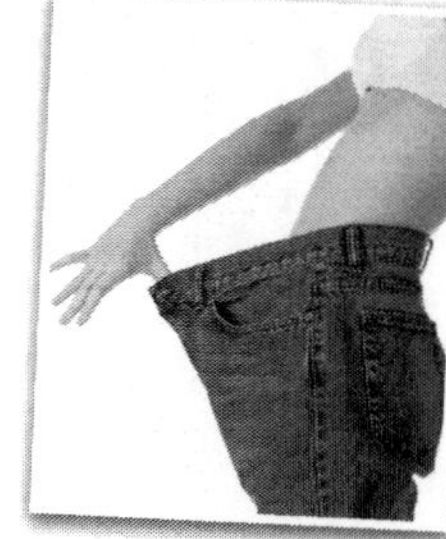

Pregunta: ¿Qué talla tiene?
Respuesta: ______________________.

Pregunta: ______________________.
Respuesta: Normalmente a las 8:00.

Pregunta: ______________________.
Respuesta: El 39.

Pregunta: ¿Con qué frecuencia haces esta acción?
Respuesta: ______________________.

Actividad 11

Elige con tu compañero/a uno de estos viajes o planes. Tenéis que preparar la maleta. Podéis usar el diccionario y preguntar al profesor/a. También necesitáis buscar información sobre algunos de los lugares.

NUESTRO VIAJE A...

¿Qué necesitáis llevar?
¿Qué tenéis ya?
¿Qué cosas no tenéis y necesitáis comprar?

Viajes:

1. Un fin de semana en una playa de la Costa del Sol (España) en verano.
2. Un fin de semana en una tienda de campaña en la montaña.
3. Una boda en abril en Santiago de Compostela (España).
4. Un viaje de una semana en otoño a Estocolmo (Suecia).
5. Un viaje de negocios de una semana en verano a Buenos Aires (Argentina).

Nosotros vamos a la playa un fin de semana, a la Costa del Sol y en la maleta llevamos...

____

____

____

____

7

Para gustos están los colores

Actividad 1

A Lee. 

INICIO | SOBRE NOSOTROS | SUSCRIBE: POST | COMENTARIOS

RODAMOS.NET **FORO DE CINE**

Frodo

Hola a todos, soy Frodo de Pontevedra. Me encanta el cine fantástico, especialmente la trilogía de *El señor de los anillos*. También me gustan mucho los libros de literatura fantástica, sobre todo las obras de Tolkien. Me interesa todo lo relacionado con el género fantástico: cine, series de televisión, literatura, juegos de rol... Quiero conocer a otros aficionados al cine fantástico y tener largas conversaciones aquí en el foro (en el «hilo» de *Fantásticos*) y en el chat.

Greta

¡Hola! ¿Es este el «hilo» *Blanco y Negro*? Soy *Greta en el foro* y me encantan las películas antiguas del cine mudo. Me gustan mucho las películas de Greta Garbo y tengo todo, todo sobre ella. Mi favorita es *La reina Cristina de Suecia*. Tengo también muchos libros de historia del cine. Me molesta la gente que piensa que las películas antiguas no tienen interés. Me gusta mucho pasar las noches de los sábados en casa y ver buen cine. Por eso, también quiero conocer gente en este foro para ver juntos películas en casa los fines de semana.

Goya

Soy Goya, tengo 42 años y estoy en este foro porque me gusta mucho el cine, sobre todo el cine español. Quiero entrar en el "hilo" de *Versión original* pero no sé cómo hacerlo. Cuando entro, el sistema se bloquea... ¿Podéis ayudarme? Me gustan todas las películas de Pedro Almodóvar, ¡todas! Pero también me interesan mucho las películas españolas que se relacionan con la historia contemporánea de España, por ejemplo, *La lengua de las mariposas*. Me molesta un poco la gente que dice que el cine español es todo igual porque no es verdad. ¡Espero arreglar pronto el problema técnico y estar en *Versión original*.

Pablo

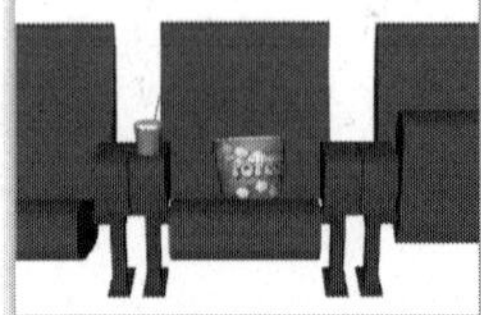

Hola, soy Pablo y soy fan de Akira Kurosawa. Me gustan mucho sus películas y me interesa su manera de hacer cine. *Los sietes samurais*, *La fortaleza escondida*, *Rashomon*, *Los sueños de Akira Kurosawa*, *Kagemusha*, *Dersu Uzala*... son fantásticas. Muy pocas personas saben que Kurosawa es la inspiración de algunos directores norteamericanos como Martin Scorsese, Steven Spielberg o George Lucas.

B Contesta y después habla con tu compañero/a. 

1 ¿A ti te gusta el cine?
2 ¿Qué tipo de cine te gusta más?
3 ¿Vas mucho al cine o prefieres ver películas en casa o en tu ordenador?
4 ¿Cuánto cuesta una entrada de cine en tu país?
5 ¿Cuál es tu película favorita? ¿Quién es tu actriz o actor favoritos?
6 ¿Te interesan los festivales de cine? ¿Conoces alguno?
7 ¿Te interesa el cine español e hispanoamericano? ¿Qué películas en español conoces?
8 ¿Qué directores, actores y actrices españoles o hispanos conoces?
9 ¿Tienes los mismos gustos que algunos de los internautas de *www.rodamos.net*? ¿Sí? ¿Cuáles? *A mí también me gusta mucho* El señor de los anillos, *como a Frodo de Pontevedra...*
10 ¿Entras normalmente en foros de internet que tratan de temas que te gustan? ¿Cómo se llaman?

Actividad 2

Escribe sobre tus gustos de cine para el foro de *www.rodamos.net*. También puedes escribir sobre otras aficiones.

____

____

____

____

____

Actividad 3

Rocío es una mujer que busca pareja y llama a *Onda Meridional* para hacer una descripción. Oirás la audición dos veces. Después, completa las frases. 16

1 Rocío es una mujer trabajadora y *joven*.
2 Rocío está soltera y vive con __________ .
3 Rocío tiene un __________.
4 A ella le gusta mucho __________, ir al teatro y las discotecas.
5 Trabaja en un __________.
6 Le gusta mucho su ciudad porque es cosmopolita y __________.
7 Le encanta __________.
8 Los __________ va a clases de salsa.
9 No le gusta quedarse en casa y __________.
10 Quiere conocer a un chico __________.

Actividad 4

A Escribe. ¿Qué estación es? 

1 *El invierno* 2 ______ 3 ______ 4 ______

B Contesta. 

1 ¿Qué estación le gusta más a la gata Brujita? ¿Por qué?

Yo creo que el verano porque a los gatos les gusta mucho el calor.

2 Y a ti, ¿qué estación no te gusta mucho? ¿Por qué?

______

Actividad 5

A Relaciona los dibujos y las frases.

Hace frío • ~~Hace sol~~ • Hay niebla • Hace viento
Llueve • Está nublado • Hace calor • Nieva

3 ______

4 ______

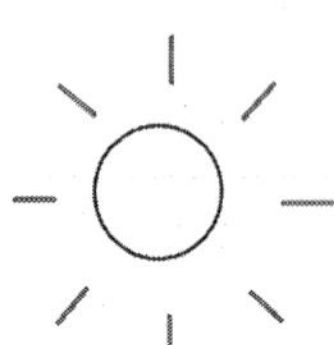

1 *Hace sol.*

2 ______

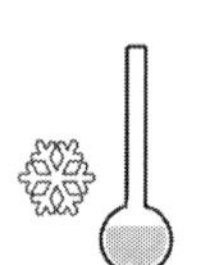

7 ______

8 ______

5 ______

6 ______

B Escucha y dibuja sobre en mapa. 

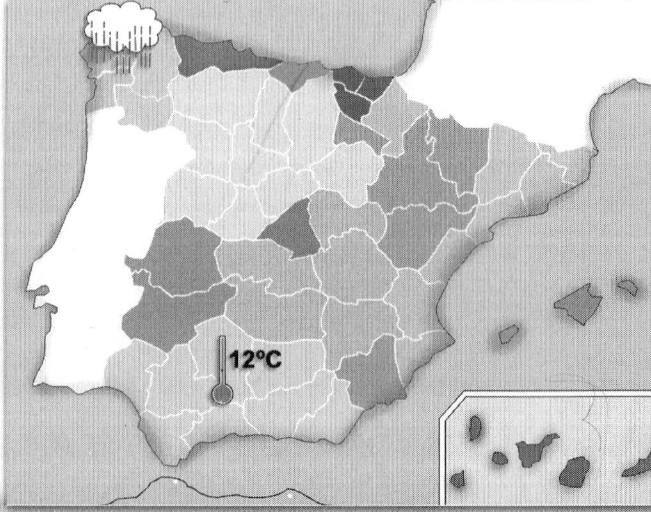

Actividad 6

Escribe las formas correctas de los verbos y los pronombres.

1 ● A mí (gustar) *me gusta* mucho jugar al tenis. ¿Y a ti?
▼ No (gustar) ___ ___ nada los deportes. Solo paseo y camino mucho todos los días.

2 ● ¿No te encuentras bien? ¿(Doler) ___ ___ algo?
▼ Sí, (doler) ___ ___ un poco la cabeza. ¿Tienes una aspirina?

3 ● A mi madre y a mí (encantar) ___ ___ ir de compras en las rebajas.
▼ A mí no. (Molestar) ___ ___ las prisas y la gente que hay en todas partes.

4 ● A Frank y a ti (interesar) ___ ___ mucho el flamenco, ¿no?
▼ Sí, bastante. (Gustar) ___ ___ mucho
● Pues este año, en septiembre, es la Bienal de Flamenco de Sevilla. ¡Podéis ir!

5 ● Susana, ¿(importar) ___ ___ abrir la puerta? ¡Hace mucho calor aquí dentro!
▼ ¡Sí claro! Ahora mismo abro.

6 ● A mis amigos (encantar) ___ ___ viajar. A mí también (gustar) ___ ___ pero el problema es que ellos viajan siempre en avión.
▼ ¿Y a ti no (gustar) ___ ___ los aviones?
● No, yo prefiero viajar en tren o autobús.

7 ● Señores Vigny, ¿(apetecer) ___ ___ ahora tomar un aperitivo en un restaurante del centro histórico?
▼ No, ahora no. Estamos muy cansados, preferimos volver al hotel. Gracias.

8 ● Estos zapatos son nuevos y (doler) ___ ___ mucho los pies.
▼ ¿Por qué no descansas un poco aquí? Podemos sentarnos un rato en este banco.

9 ● Señora Castro, ¿(gusta) ___ ___ Madrid?
▼ Sí, (encantar) ___ ___. Es una ciudad preciosa.

10 ● A mi novio (gustar) ___ ___ los deportes de aventura y todos los fines de semana practicamos alguno.
▼ Pues a mi novio (gustar) ___ ___ ver los deportes en la tele y los domingos siempre nos quedamos en casa.

Actividad 7

Contesta con: *Yo también / Yo no / Yo tampoco / Yo sí / A mí también / A mí no / A mí tampoco / A mí sí.*

1 Me gusta mucho nadar en el mar.
A mí también.

2 Normalmente salgo de casa muy pronto por las mañanas.
___.

3 Nunca desayuno en casa.
___.

4 No me gusta el té.
___.

5 Me despierto normalmente a las 8:00.
___.

6 No veo nunca la televisión.
___.

7 Me encanta el jazz.
___.

8 Me interesa mucho el yoga.
___.

9 Me lavo el pelo todos los días.
___.

10 No juego al fútbol.
___.

Actividad 8

Completa con los adverbios del recuadro.

mucho (2) • ~~pronto~~ • nada • deprisa • nunca poco (2) • tarde • pronto • despacio

Normalmente los españoles se levantan *pronto* para ir al trabajo, a la escuela o la universidad. Desayunan (1) ________: un café y unas galletas o un cruasán. A la mayoría de los españoles le gusta (2) ________ tomar un café a media mañana en el descanso del trabajo con los compañeros. Muchos vuelven a casa para comer con la familia en las ciudades pequeñas; normalmente de lunes a viernes comen más (3) ________ porque tienen que volver al trabajo a las 16:00, pero los fines de semana son más tranquilos y pueden comer (4) ________ y disfrutar de sobremesas* tranquilas. Es el tiempo para hablar (5) ________ de temas muy variados.

Generalmente los españoles no cenan (6) ________ antes de las 21.00 y no les gusta (7) ________ acostarse muy (8) ________. Por eso, en España es muy normal acostarse muy (9) ________, a las 12 de la noche o incluso a la 01:00. Así que los españoles duermen (10) ________. Claro que hay excepciones, como en todas partes. ☺

* **La sobremesa**: tiempo que estamos en la mesa después de comer. Hablamos y tomamos café en ese tiempo.

Actividad 9

A Escribe. ¿Qué deportes practican estas personas? 

1 *Baloncesto*

2 ________

3 ________

4 ________

5 ________

6 ________

7 ________

8 ________

9 ________

10 ________

B Contesta.

1 ¿Conoces a alguna de las personas de las fotos? ¿Quiénes son?
2 ¿Eres aficionado a los deportes? ¿Practicas alguno? ¿Cuál?
3 ¿Te gustan los deportes de aventura? ¿Cuáles?
4 ¿Te gusta ver deporte en televisión o prefieres ver deporte en directo?

C Ahora habla con tu compañero/a sobre vuestras respuestas.

Actividad 10

A Pregunta a tus compañeros y contesta a sus preguntas.
Escribe los nombres de los compañeros en cada casilla.

	Me encanta/n 😃	Me gusta/n 🙂	No me gusta/n ☹
Ir al teatro			
Hacer sudokus			
Twitear en internet			
Los gatos			
Los bailes caribeños			
El rock			
Las películas de terror			
Hacer senderismo			
Viajar en tren			
Tomar el sol			
El arte abstracto			

● *Borang, ¿te gusta ir al teatro?*
▼ *Sí, ¿y a ti?*
● *A mí no mucho.*

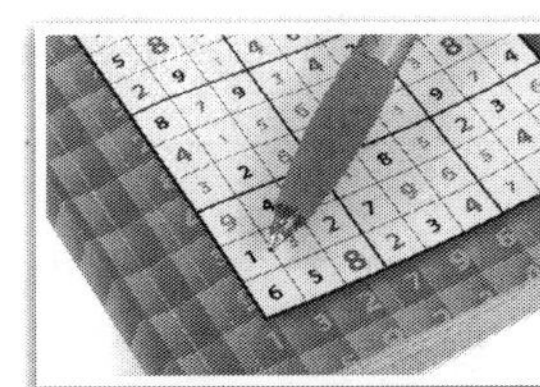

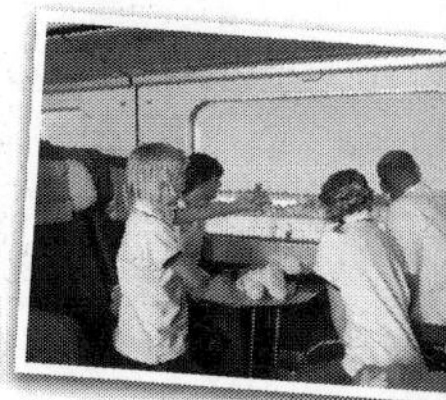

B Ahora con los datos de la tabla completa estas frases y subraya la forma correcta del verbo.

1 A __________ y a mí nos *gusta/gustan* ____________________.
2 A mí me *encanta/encantan* ______________ y a ____________ también.
3 A mí no me *gusta/gustan* ______________ y a ______________.

8 ¡Qué bueno!

Actividad 1

A Escucha y escribe el nombre de los alimentos. 18

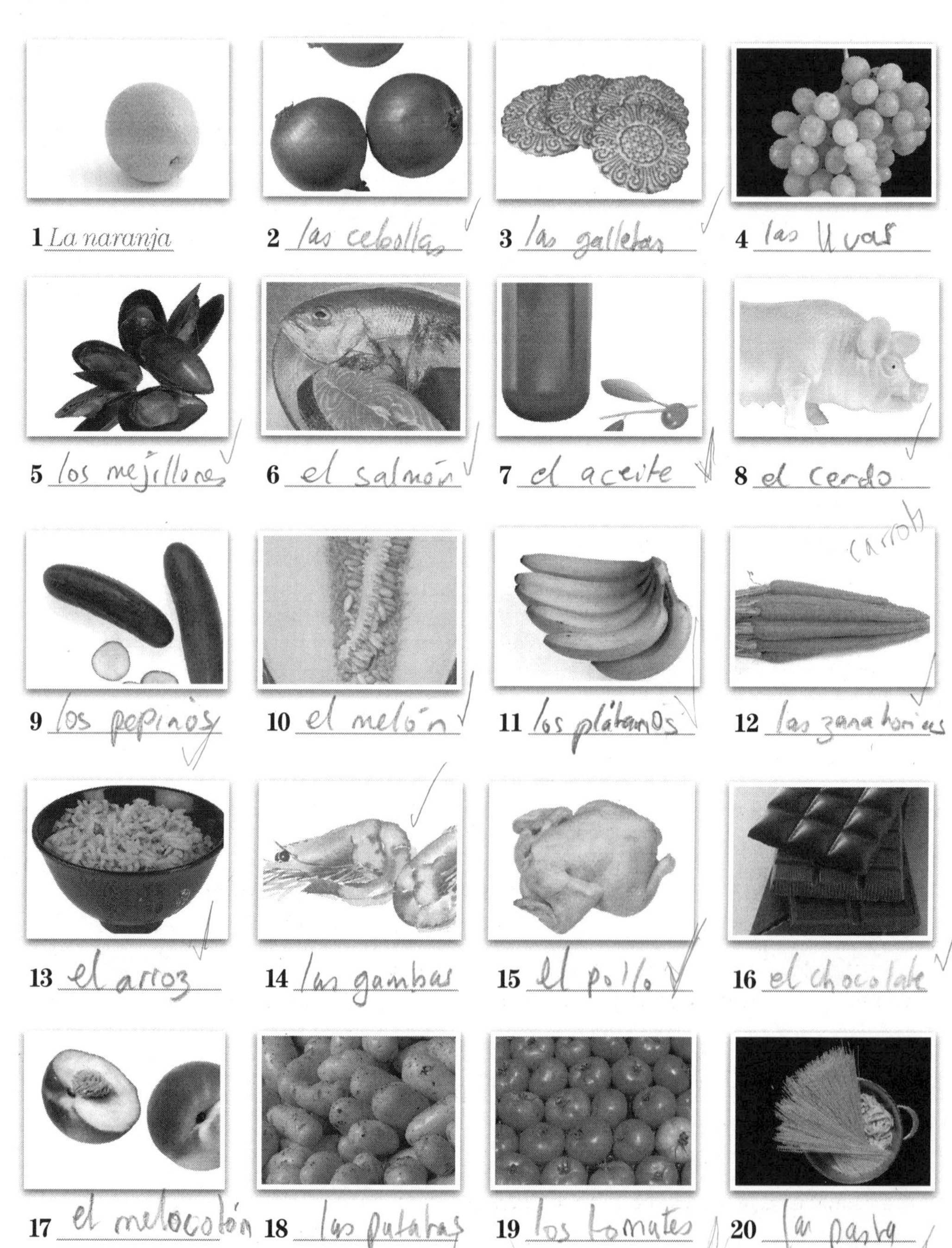

1 La naranja

2 ________

3 ________

4 ________

5 ________

6 ________

7 ________

8 ________

9 ________

10 ________

11 ________

12 ________

13 ________

14 ________

15 ________

16 ________

17 ________

18 ________

19 ________

20 ________

B Contesta y comenta con tu compañero/a. 

1 De estos alimentos, ¿cuál/cuáles te gusta/gustan a ti?
2 ¿Qué te apetece comer ahora?
3 ¿Qué prefieres, la carne o el pescado?
4 De todos estos alimentos, ¿cuáles puede comer una persona vegetariana?
5 ¿Qué quieres cenar esta noche?

Actividad 2

Lee y subraya las palabras correctas.  

1 *Pablo de 10 años va a desayunar antes de ir al cole. Su madre le ha preparado:*
a *zumo de naranja* **b** *cereales con leche* **c** *pepinos* **d** *arroz*

2 Laura corre todos los días 12 km por la tarde, Laura come:
a unas galletas **b** un plato de pasta **c** pollo **d** una sopa

3 Luisa de 87 años merienda con su hijo y toma:
a sardinas **b** café con leche **c** ensalada **d** bizcocho

4 Alfonso tiene sobrepeso, por eso tiene que cenar:
a hamburguesa **b** ensalada **c** chocolate **d** una manzana

5 Sandra de 20 años es estudiante y a media mañana toma:
a un vaso de vino **b** barrita de cereales **c** café **d** paella

Actividad 3

Contesta. Puedes usar el diccionario o preguntar a tu profesor. 

Puestos del Mercado

La frutería *La pescadería* *La carnicería*

1 ¿Dónde puedes comprar un pollo? *En la carnicería.*

2 ¿Dónde puedes comprar coliflor? tienda de comestible

3 ¿Dónde puedes comprar lenguado? Rico's

4 ¿Dónde puedes comprar cordero? Carniceria ✓

5 ¿Dónde puedes comprar gambas? pescaderia ✓

6 ¿Dónde puedes comprar duraznos? (peaches) Fruteria ✓

7 ¿Dónde puedes comprar pimientos? fruteria ✓ Verdureria

Actividad 4

Mira las fotografías y contesta o pregunta. 

1 Pregunta: ¿Qué le pongo?
Respuesta: ______________________

2 Pregunta: ______________________
Respuesta: A 22 euros.

3 Pregunta: ______________________
Respuesta: A ver..., son 17,55 euros.

4 Pregunta: ¿Algo más?
Respuesta: ______________________

Actividad 5

Escribe según el ejemplo.

En la frutería «Ana Mari» los pimientos, 1,89 euros / En la frutería «Hermanos Estévez» los pimientos, 2,05 euros (estar).

En la frutería «Hermanos Estévez» los pimientos están más caros que en la frutería «Ana Mari».

1 Un vaso de leche, 127 kilocalorías / Una caja de galletas, 480 kilocalorías (tener).

____.

2 Mi casa, dos dormitorios / La casa de Inés, tres dormitorios (tener).

____.

3 En nuestra clase, doce alumnos / En la clase de español B1 también (haber) doce alumnos.

____.

4 La casa de mis padres, 100 metros cuadrados / Mi casa, 65 metros cuadrados (ser).

____.

5 Me gusta mucho el queso feta / También me gusta mucho el queso mozzarella (gustar).

____.

6 La pasta, hervir 10 minutos / El arroz, hervir 20 minutos (tener que hervir).

____.

Actividad 6

A Escribe según el ejemplo.

1 Hace mucho frío: *¡Qué frío!*
2 Las manzanas están muy ricas: ____________________
3 El novio de tu amiga es muy simpático: ____________________
4 Tu compañera de clase estudia mucho: ____________________
5 Hay mucho ruido en tu barrio: ____________________
6 La casa está muy ordenada: ____________________
7 Alberto lee muchos libros: ____________________
8 Susana se levanta a las seis de la mañana: ____________________
9 En la pescadería hay unas anchoas muy buenas: ____________________
10 En la nevera hay quince yogures: ____________________

B Ahora, en parejas, practicad la entonación de las frases exclamativas anteriores. 

Actividad 7

A Escribe los nombres de las partes de la casa en uno de los planos.

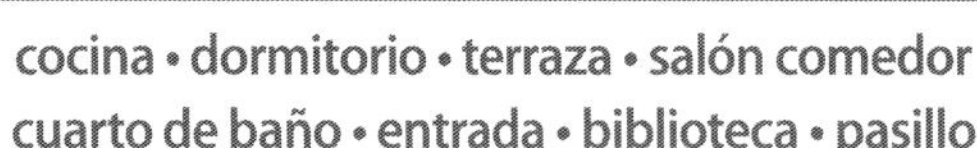
cocina • dormitorio • terraza • salón comedor
cuarto de baño • entrada • biblioteca • pasillo

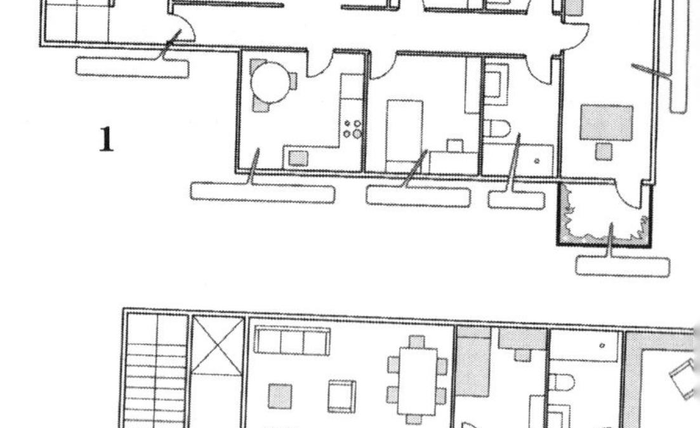
1

B Escucha. ¿Cuál es el piso de Iván?  19

2

Actividad 8

Vives en un piso alquilado pero es demasiado caro para ti y necesitas un compañero/a para compartir gastos. Escribe un anuncio en internet en «SE COMPARTE PISO» y explica:

- Todo sobre el piso
- El precio del alquiler (con los gastos de luz y agua incluidos)
  (Entre 25 y 30 palabras)

Busco compañero/a de piso. Zona campus universitario, exterior, tres dormitorios, salón-comedor, dos cuartos de baño y terraza. Amueblado. Conexión a internet. Bien comunicado. 400 euros más gastos de luz y agua.

Actividad 9

Completa las frases. ¿Qué hay que llevar en estas situaciones? No olvides el artículo si es necesario.

libro *Nuevo Avance 1* • regalo • ~~bañador~~ • carné de conducir
pasaporte • botella de vino • guantes y gorro • dinero

1 Voy a la playa. *Tengo que llevar un bañador.*
2 Mi mejor amigo va a viajar a otro país. ______
3 Voy a la clase de español. ______
4 Mi hermana va a cenar a casa de unos españoles. ______
5 Voy a pasar el fin de semana en una estación de esquí. ______
6 Mis padres quieren alquilar un coche. ______
7 Mis amigas y yo vamos a ir de compras esta tarde. ______
8 Vais a una fiesta de cumpleaños. ______

Actividad 10

Pregunta a tu compañero/a y escribe sus respuestas.  
Contesta también a sus preguntas.

Nombre del compañero/a: ____________________

¿QUÉ VAS A HACER…

- esta noche?

  Mi compañera Gita va a hacer una cena en su piso con los compañeros del curso. Va a preparar un plato típico de La India...

- mañana por la mañana?

  ____

  ____

  ____

- pasado mañana?

  ____

  ____

  ____

- este fin de semana?

  ____

  ____

  ____

- la semana que viene?

  ____

  ____

  ____

- el próximo mes?

  ____

  ____

  ____

- en las vacaciones de verano?

  ____

  ____

  ____

9 ¿Qué te ha dicho el médico?

Actividad 1

A Lee el diario de Pepa. 

Hoy ha sido un día raro. Normalmente me despierto a las ocho, pero hoy me he despertado media hora antes porque no he dormido bien en toda la noche. He soñado con mi perro Sandokán y una antigua amiga del colegio, Lucía. No la he visto en muchos años.
Me he levantado y he pensado en mi sueño. He desayunado y he escuchado la radio. En la radio han entrevistado a la actriz Lucía Bosé y también han dicho que próximamente van a poner en la televisión una nueva versión de la serie Sandokán.
No he prestado mucha atención a estas noticias. Luego me he duchado, me he vestido y he sacado a pasear a Sandokán antes de ir a trabajar.

Después he ido al trabajo. Soy camarera en un bar del centro. Mi compañera de trabajo, Esther, está embarazada. Va a tener una niña y me ha dicho que se va a llamar... Lucía. No sé por qué esta mañana he pensado mucho en mi antigua amiga del colegio.

He comido en el bar. Mi turno termina a las seis de la tarde. He hecho algunas compras antes de volver a casa y he pasado por mi antigua escuela. Generalmente voy por otro sitio pero hoy he querido cambiar de trayecto. ¡No sé por qué!
Después he llegado a casa, he cenado pronto y he visto un poco la televisión. Luego he ido con Sandokán a dar un paseo por el parque y... ¡lo he perdido! Me he puesto muy nerviosa porque el parque es muy grande y tiene poca luz. He corrido y llamado a gritos a Sandokán, me he resbalado y me he caído, me he hecho mucho daño en el pie izquierdo. Han venido otros dueños de perros para ayudarme y también mi Sandokán. Me han llevado al hospital y me ha atendido una doctora muy simpática y amable: Lucía del Valle, ¡mi amiga de la infancia! Hemos hablado un rato y hemos recordado muchas cosas bonitas. Ahora tengo dos dedos del pie rotos y no puedo salir mucho. Pero vamos a quedar un día de estos para tomar un café y recordar viejos tiempos.

B ¿Es verdadero o falso?

1 Pepa se ha despertado a las ocho y media.	V	F
2 Pepa ha dormido bien.	V	F
3 En la radio han entrevistado a una actriz.	V	F
4 Esta mañana Pepa primero se ha duchado y después ha desayunado.	V	F
5 Hoy Pepa ha sacado a pasear a Sandokán dos veces.	V	F
6 Pepa trabaja de camarera en un bar.	V	F
7 Pepa va a tener una hija.	V	F
8 Pepa ha pensado mucho en su amiga Esther todo el día.	V	F
9 Pepa ha terminado de trabajar a las seis.	V	F
10 Pepa hoy no ha visto la televisión.	V	F
11 Sandokán se ha perdido en el parque.	V	F
12 Pepa se ha caído y se ha hecho daño en los pies.	V	F
13 La doctora que ha atendido a Pepa en el hospital se llama Lucía y es su antigua amiga del colegio.	V	F

C Contesta y comenta con tu compañero/a.

Y tú, ¿has tenido alguna vez una experiencia parecida a la de Pepa?
¿Has pensado mucho alguna vez en alguien y finalmente lo has visto?

Actividad 2

¿Qué dices en estas situaciones? Subraya la opción correcta.

1 Tu abuela te ha dicho: «Esta tarde voy a ir al médico. Tengo cita a las cinco». Ahora son las siete de la tarde. Tu abuela está en casa. Preguntas:
a Abuela, ¿has ido al médico?
b Abuela, ¿ya has ido al médico?

2 Tu novia ha vuelto de un viaje a Venezuela. Tú sabes que no le gusta mucho probar comidas nuevas. Preguntas:
a ¿Ya has probado las arepas?
b ¿Has probado las arepas?

3 Estás de viaje por Andalucía y a ti te encanta el flamenco. Vas a ir a un tablado al día siguiente. Te preguntan: «¿Ya has oído flamenco en directo?» Respondes:
a No.
b No, todavía no.

4 Estás en un curso de español en Salamanca. Te gusta mucho el campo pero no te gusta la playa. Te preguntan: «¿Ya has visitado la Costa Brava?» Tú no piensas ir. Respondes:
a No, no he estado en la Costa Brava.
b No, todavía no.

5 El médico te ha recetado unas medicinas. Has ido a la farmacia y las has comprado. Después tu hermana te llama y te dice: «Voy a ir a la farmacia. ¿Compro también tus medicinas?».
a No, gracias. Ya las he comprado yo.
b No, gracias.

Actividad 3

A Escribe las palabras con el artículo. 

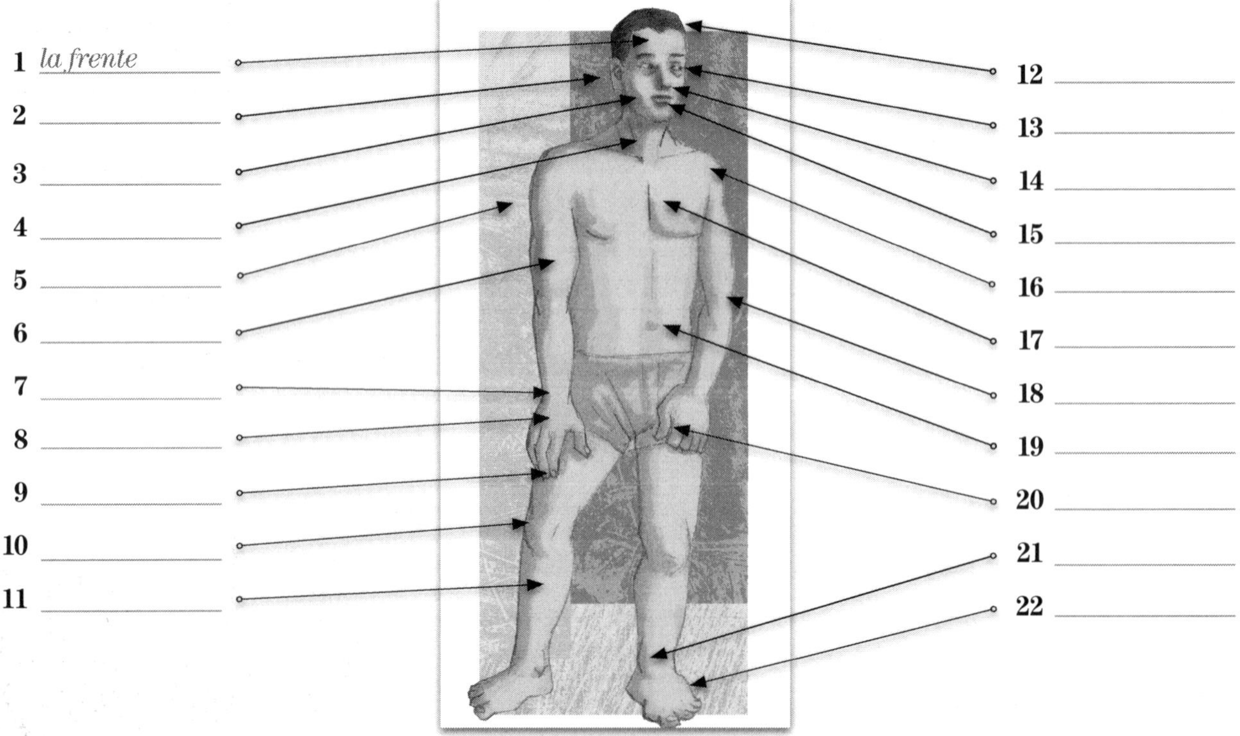

B Escribe el plural de estas palabras y escribe también los artículos.

1 oreja	*las orejas*	**8** brazo	
2 uña		**9** pecho	
3 codo		**10** pie	
4 hombro		**11** rodilla	
5 ojo		**12** pierna	
6 nariz		**13** pelo	
7 muñeca		**14** tobillo	

C Y ahora formáis grupos y contestáis rápidamente (primero tenéis que levantar la mano y después contestar). El grupo que responde antes gana un punto para cada respuesta correcta.

¿Qué parte del cuerpo está...

- sobre el pie?
- en la parte superior?
- en el final de los dedos?
- donde empiezan los brazos?
- entre la mano y el brazo?
- en el centro de la cara?
- entre la cabeza y el pecho?
- sobre la cabeza?

Actividad 4

Escucha estos cinco diálogos breves.
Oirás cada diálogo dos veces. Relaciona los diálogos con las imágenes. Hay tres imágenes que no debes seleccionar.

Diálogo 1 ____
Diálogo 2 ____
Diálogo 3 ____
Diálogo 4 ____
Diálogo 5 ____

Diálogo 1:
- ● ¿Vamos esta tarde a la piscina?
- ▼ No, lo siento, no puedo. Tengo que estudiar para el examen de Anatomía.

Diálogo 2:
- ● ¿Quieres tomar un helado?
- ▼ No, no puedo. ¡Me duele la garganta!

Diálogo 3:
- ● ¿Vamos a Venecia de vacaciones?
- ▼ ¡Qué buena idea! De acuerdo, así descansamos y volvemos con más energía.

Diálogo 4:
- ● Luego vamos a ir de compras, ¿vienes?
- ▼ Sí, ¡claro! Tengo que comprar una crema protectora solar con factor 50 +.

Diálogo 5:
- ● ¿Por qué no alquilamos un coche y recorremos España este verano?
- ▼ Imposible. Este verano tengo que trabajar en el hospital.

a

Actividad 5

Relaciona las frases con las cosas a las que se refieren y escríbelo.

1 Ya la he tomado y ahora me duele menos la cabeza. *Una aspirina, f*
2 Sí, me lo voy a poner. ¡Me encanta! ________________
3 Siempre las tomo con nata. Están muy ricas. ________________
4 No lo he roto yo. Simplemente se ha parado. ________________
5 No los encuentro. ¿Sabes dónde están? ¡Hace mucho frío y los necesito! ________________
6 No, no la he probado todavía. ________________
7 Sí, ya lo he escrito. ________________
8 Esta semana no las he regado ninguna vez. ¡Se van a secar! ________________

e

Actividad 6

Completa con las preposiciones *a*, *de*, *en*, *por*, *para*, *con*, *sin*.

1 ● ¿_______ qué hora empieza la película?
▼ _______ las ocho y media.
2 ● Siempre viajo _______ autobús o _______ tren porque el avión me da miedo.
▼ Pues _______ mí me gusta mucho viajar _______ avión sobre todo cuando tengo que viajar _______ América _______ Europa.
3 ● Ana, ¿dónde está Arequipa?
▼ _______ Perú, creo.
4 ● ¿Tienes clase _______ la tardes?
▼ Sí, tengo clase _______ francés _______ cinco _______ seis y media.
5 ● ¿Esta camiseta es _______ algodón?
▼ No, es _______ poliéster.
6 ● ¿_______ qué estudias español?
▼ _______ viajar _______ España y _______ Latinoamérica.
7 ● ¿_______ qué mes estamos?
▼ _______ mayo, ¡el mes _______ las flores!
8 ● ¿_______ qué no vamos _______ casa _______ la abuela este domingo?
▼ Imposible. He quedado _______ Luis _______ comer.
9 ● ¡Qué tortilla más sosa! ¿Siempre lo comes todo _______ sal?
▼ Sí, soy hipertenso* y no puedo tomar sal.
10 ● ¿Vives sola?
▼ No, vivo _______ dos compañeros _______ la Universidad.

Hipertenso/a: *persona que tiene una tensión muy alta en la sangre y es un problema de salud.*

Actividad 7

Subraya la opción correcta.

1 ● ¡No he visto **alguna/ninguna** frutería por aquí! ¡Qué raro!
▼ No, pero hay **algún/algunos** supermercados. Puedes comprar ahí los tomates.
2 ● Señor Gómez, ¿ha tomado últimamente **mucho/algún** azúcar y come **muchos/pocos** dulces?
▼ Sí, creo que sí.
● No es bueno para su azúcar, ya lo sabe.
3 ● ¿Hay **algo/nada** de leche en la nevera?
▼ Sí, hay **ninguna/algunas** cajas pero no hay **ningún/alguno** yogur. Hay que comprar.
4 ● Tu gato es **muy/mucho** bonito. ¿Cómo se llama?
▼ Tolomeo. También tengo un perro.
5 ● ¿No hay **alguien/nadie** en el chat ahora?
▼ Sí, ¡hola! Me llamo Geno y estoy aquí☺.
6 ● ¿Tienes **mucha/ninguna** ropa de verano?
▼ Sí, tengo **muchas/pocas** camisetas de manga corta y **pocos/muchos** vestidos. ¡Vivo en Canarias!
7 ● Hace **mucho/muy** frío. ¿Puedes cerrar la ventana, por favor?
▼ Sí, desde luego. Ahora mismo la cierro.
8 ● ¿Tienes hermanos?
▼ No, no tengo **nadie/ninguno**.
9 ● ¿Tienes **algunas/muchas** cosas que hacer este fin de semana?
▼ Sí, tengo que estudiar **mucho/poco**.
10 ● ¿Sabe si hay **algún/alguno** banco en esta calle?
▼ No, no hay **nada/ninguno**.
11 ● ¿Sabes **algo/poco** de Luisa?
▼ Sí, se ha jubilado y está **mucho/muy** contenta.

Actividad 8

¿Sabes algo más de la vida de Pepa, la chica de la Actividad 1? Observa el dibujo y escribe sobre algunas de sus experiencias en el pasado.

Pepa ha estudiado Hostelería.

Actividad 9

A Escucha y completa. 

1 Para tener una cara joven sin arrugas tenemos que abrir mucho ___________ y cerrarla. Hacer ___________ veces y relajar. Repetir ___________ veces más.
Cerrar ___________ y abrir ___________ a la vez.
Abrir y cerrar cada ___________ alternativamente ___________ veces.

2 Para tener unos pómulos más marcados hay que llenar ___________ de ___________ y expulsarlo poco a poco por la boca.
Otro ejercicio es llenar solo ___________ y pasar el aire de un lado al otro alternativamente.

3 Para tener unos ___________ bonitos debemos pronunciar la vocal ___________ y poner ___________ índices cada uno en un extremo de ___________ y pronunciar la palabra ___________.

B Habla con tu compañero/a. 

1 ¿Haces gimnasia normalmente?
2 ¿Conoces algunos ejercicios saludables para el cuerpo? ¿Puedes describirlos?
3 ¿Vas a practicar esta gimnasia para la cara? ☺

Actividad 10

A Escribe algunas cosas que no has hecho todavía y que quieres hacer antes de cumplir los 50. 

Cosas que no he hecho hasta ahora y quiero hacer antes de cumplir los 50.

No he dado la vuelta al mundo, es muy caro pero voy a ahorrar para hacerlo.
No he estado en las Cataratas de Iguazú; puedo ir en unas vacaciones.

B Habla con tu compañero/a sobre las cosas que no habéis hecho todavía y queréis hacer. ¿Coincidís en algunas cosas? 

Mi compañera Ayaka y yo no hemos hecho Pilates nunca pero creemos que es muy sano para el cuerpo. Queremos practicarlo.

Examen DELE nivel A1

Recuerda que en el examen las instrucciones están redactadas en la forma de **usted**.

1. Prueba de comprensión de lectura *Duración: 45 minutos*

Tarea 1.

Lee este correo electrónico. A continuación responde a 5 preguntas sobre él. Elige la respuesta correcta (A, B, C o D).

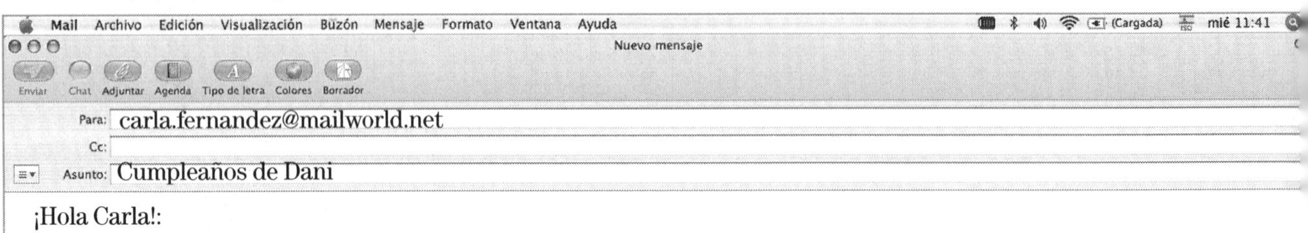

Para: carla.fernandez@mailworld.net

Cc:

Asunto: Cumpleaños de Dani

¡Hola Carla!:

¿Qué tal? Yo estoy estresada con los exámenes... ☹

El sábado es el cumpleaños de Dani, ¿te acuerdas? Es el novio de Susana y nos ha invitado a su fiesta. Va a ser el sábado por la noche y vamos a ir a cenar a un restaurante japonés y después vamos a ir a una discoteca o a un karaoke. Todavía no lo hemos decidido.
¿Quieres venir? Podemos pasarlo muy bien porque Dani y Susana son una pareja estupenda y todos sus amigos son muy simpáticos. Van a ir también los primos de Dani, los que tocan en el grupo Escorpión y van a cantar algo para él en el restaurante. ¡Va a ser una sorpresa!
También viene Manuela, amiga de Susana. Es venezolana y fotógrafa. Ha expuesto sus fotos en algunas salas de Caracas, en Madrid y también aquí, en Bilbao. ¡Ya ves, mucha gente interesante!
Pero tenemos que comprar un regalo para Dani y solo faltan dos días. No sé, ¿qué le podemos comprar? Le gusta mucho el fútbol pero ya tiene la camiseta oficial de su equipo favorito. También le gusta leer y se ha comprado hace poco un e-reader. Podemos comprar un libro digital. ¿Qué piensas? ¿Tienes alguna otra idea?
¡Ah! ¿Sabes? Voy a ponerme el vestido negro nuevo. ¡Tengo muchas ganas de estrenarlo!
Bueno, guapa, espero tu respuesta. Lo vamos a pasar genial, ya verás.

Besos,
Ruth

Preguntas

1 Ruth escribe el correo electrónico para...
- **a.** pedir un vestido a Carla.
- **b.** contar a Carla que va a un concierto del grupo Escorpión.
- **c.** contar a Carla el regalo que ha comprado para Dani.
- **d.** recordar a Carla que va a ser el cumpleaños de Dani y están invitadas.

2 Ruth y Carla viven en...
- **a.** Caracas. **b.** Bilbao.
- **c.** Madrid. **d.** Japón.

3 Después de la cena van a ir a...
- **a.** un karaoke. **b.** todavía no lo saben.
- **c.** a una discoteca y a un karaoke. **c.** a un concierto del grupo Escorpión.

4 Ruth y Carla tienen que comprar...
- **a.** la ropa que van a llevar a la fiesta.
- **b.** una camiseta de fútbol para Dani.
- **c.** un libro electrónico para Dani.
- **d.** un regalo para Dani.

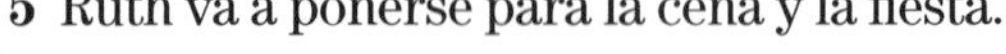

5 Ruth va a ponerse para la cena y la fiesta...

a.

b.

c.

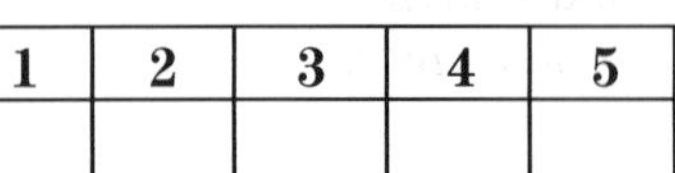

1	2	3	4	5

Tarea 2.

Lee estas notas. Relaciona cada nota con la frase correspondiente. Hay tres notas que no debes seleccionar.

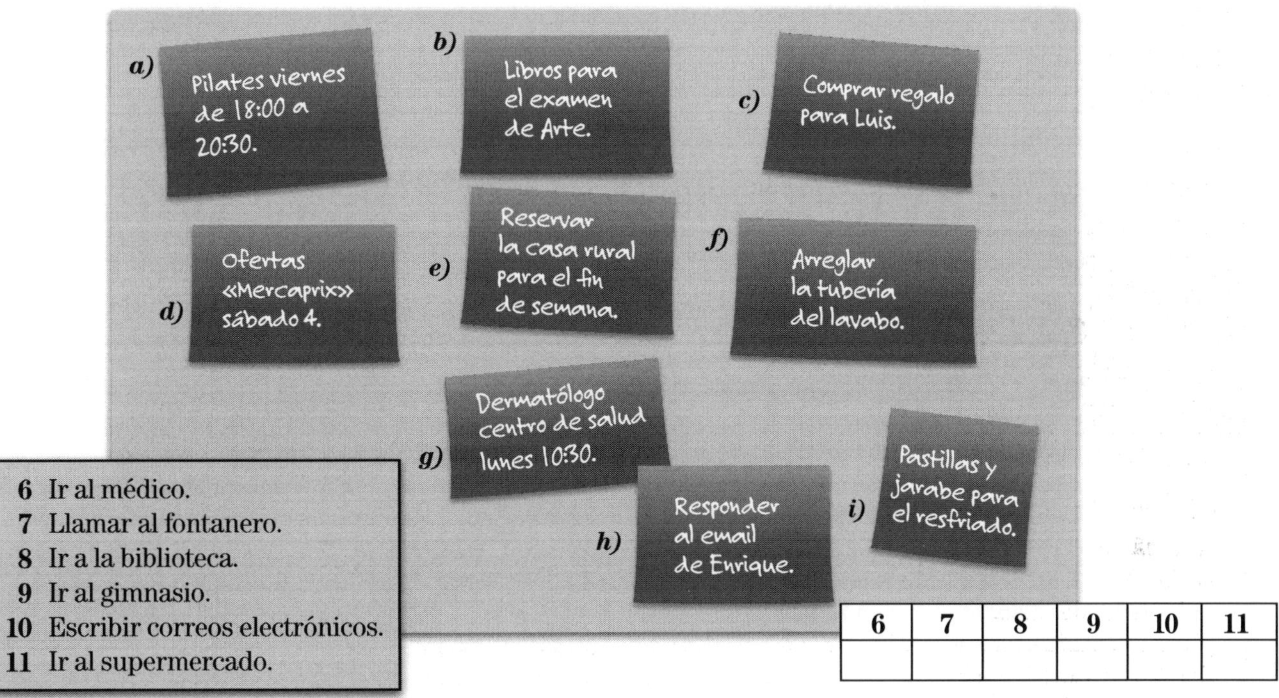

6 Ir al médico.
7 Llamar al fontanero.
8 Ir a la biblioteca.
9 Ir al gimnasio.
10 Escribir correos electrónicos.
11 Ir al supermercado.

6	7	8	9	10	11

Tarea 3.

Lee estos textos con anuncios de casas. Relaciona cada texto con el número correspondiente de las personas que hablan. Hay tres anuncios que no debes seleccionar.

Se alquila ático en el casco histórico de Barcelona.
2 dormitorios. 60 m^2.
Sin ascensor. Luminoso.
Económico.

Se alquila casa rural en Asturias.
5 dormitorios, 2 baños, aseo, gran salón con chimenea, cocina.
Durante todo el año.
300 euros/semana.

D

Se alquila habitación en piso compartido con cuatro estudiantes en Alcalá de Henares.
Habitación de 17 m^2. Cocina y baño comunes. Terraza.
300 euros/mes.

Se vende estudio en el casco histórico de Madrid.
Edificio antiguo, completamente reformado. 25 m^2. Ascensor.
Calefacción. 150 000 euros.

E

Se vende apartamento en Salou, Tarragona.
Primera línea de playa. 3 habitaciones, baño y terraza. Piscina comunitaria.
300 000 euros.

Se vende chalé en Punta Umbría, Huelva.
350 m^2. 5 dormitorios.
2 baños. Jardín con piscina.
Zona residencial.
Muy cerca de la playa.

F

G 

Se vende piso en el centro de San Sebastián.
120 m². 4 dormitorios. 2 baños. Muy luminoso. Amplia terraza. Ascensor. Calefacción central. Muy bien comunicado. Precio a negociar.

 H

Se alquila piso exterior en Gandía, Valencia.
2 dormitorios, baño, cocina totalmente equipada, balcón y garaje. 600 euros por quincena en la temporada de verano.

Se alquila casa en Fragén, Huesca.
Cocina con horno de leña, salón con chimenea, calefacción, 6 dormitorios dobles, 3 baños. A 40 km de la estación de esquí de Formigal. También posible alquilar por habitaciones durante el invierno.

 I

12 Quiero comprar un estudio pequeño y con encanto para mí sola.

13 Tenemos dos semanas de vacaciones en Navidad y queremos alquilar una casa de campo en la nieve.

14 Queremos pasar unas semanas de verano cerca de la playa.

15 Somos cuatro de familia y buscamos un piso céntrico, grande y soleado, con ascensor y bien comunicado.

16 Buscamos una casa unifamiliar cerca del mar, amplia y con jardín.

17 Soy estudiante y busco un piso para compartir. Puedo pagar hasta 350 euros.

12	13	14	15	16	17

Tarea 4.

Observa esta oferta de cursos de la asociación cultural *En movimiento*. Completa las oraciones que aparecen a continuación con la información del texto.

Curso de cerámica

La artista y profesora en la escuela de Artes y Oficios Alba Sánchez enseña las técnicas básicas para empezar a crear fantásticos objetos decorativos de cerámica.

Duración: trimestral todo el año.
Horario: martes y jueves de 18.00 a 19.30
Certificación: certificado de asistencia.
Precio: inscripción 50 euros y curso 300 euros (150 euros parados y estudiantes).

Curso de teatro

El director sevillano Ramiro de la Vega imparte un curso de teatro clásico español. El grupo tiene un número limitado de 20 personas. Incluye la asistencia a dos representaciones teatrales en el Teatro Principal durante el Festival de Teatro (7 octubre - 6 noviembre)

Duración: del 12 de septiembre al 2 de diciembre (50 horas).
Horario: lunes y miércoles de 20.00 a 22.00.
Certificación: certificado de asistencia.
Precio: 200 euros.

Curso de patchwork y costura

Rebeca Molina, modista y diseñadora, enseña a coser maravillosas colchas y ropa de hogar para vestir tu casa. Plazas limitadas.
No incluye material de costura y telas.

Duración: 100 horas.
Horario: de lunes a jueves de 10.30 a 12.30.
Certificación: certificado de asistencia y certificado de aptitud (presentación de una colcha).
Precio: 320 euros (150 euros parados).

Curso de iniciación a internet

Curso dirigido a mayores de 65 años que quieren iniciarse en el uso básico de las tecnologías e internet: navegación, buscadores, correo electrónico y diseño básico de páginas web. Subvencionado por la Junta de Andalucía.

Duración: 60 horas.
Horario: lunes, martes y miércoles de 11.00 a 12.30.
Certificación: certificado de asistencia.
Precio: gratuito.

Curso de bailes caribeños

Cumbia, bachata, salsa, merengue, samba... Humberto Cervantes y Tania Mendes, profesores de bailes caribeños y ganadores del último campeonato internacional Son del Caribe en la modalidad de salsa enseñan a los participantes todos los ritmos y todo el sabor latinos.

Duración: los meses de abril y mayo.
Horario: viernes de 18.30 a 20.30.
Certificación: certificado de asistencia y aprovechamiento.
Precio: inscripción 50 euros y curso 200 euros.

- El curso de bailes caribeños empieza en ____________ . **(18)**
- El curso de cerámica se da a lo largo de todo el año y dura ____________ **(19)** meses.
- Hay un curso que no cuesta nada. Es ____________ **(20)** porque lo paga la Junta de Andalucía.
- Los cursos con un número máximo de personas son el curso de ____________ **(21)** y el curso de ____________ **(22)**.
- El curso para personas jubiladas es el curso de ____________ **(23)**.
- El curso de cerámica cuesta ____________ **(24)** euros a los parados y estudiantes.
- El curso que se imparte solo un día a la semana es el curso de ____________ **(25)**.

2. Prueba de comprensión auditiva *Duración: 20 minutos*

Tarea 1. 22

A continuación escucharás cinco diálogos breves entre dos personas. Oirás cada diálogo dos veces. Después de la segunda audición marca la opción correcta (A, B, C o D).

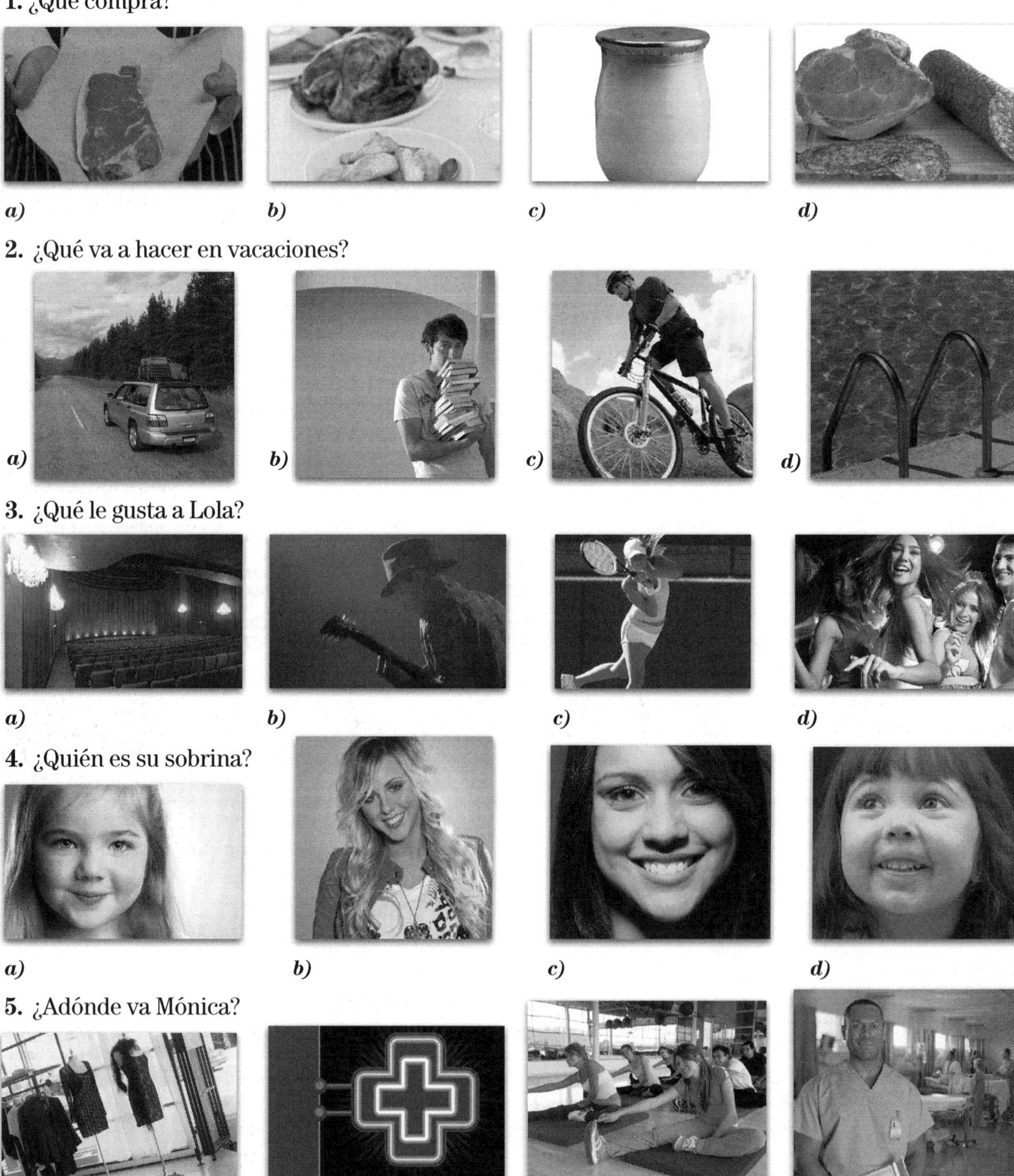

1. ¿Qué compra?

a) *b)* *c)* *d)*

2. ¿Qué va a hacer en vacaciones?

a) *b)* *c)* *d)*

3. ¿Qué le gusta a Lola?

a) *b)* *c)* *d)*

4. ¿Quién es su sobrina?

a) *b)* *c)* *d)*

5. ¿Adónde va Mónica?

a) *b)* *c)* *d)*

1	2	3	4	5

Tarea 2. 23

A continuación escucharás cinco mensajes muy breves. Oirás cada intervención dos veces. Relaciona los textos con las imágenes. Después de la segunda audición marca la opción correcta. Hay tres imágenes que no debes seleccionar.

(6) Texto 1:	
(7) Texto 2:	
(8) Texto 3:	
(9) Texto 4:	
(10) Texto 5:	

a)

b)

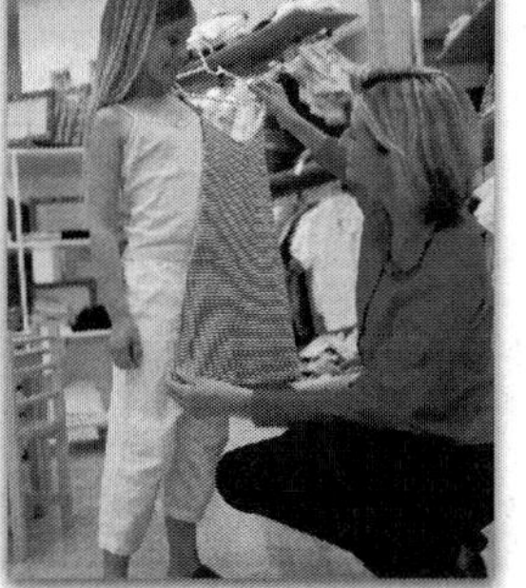

c)

d)

e)

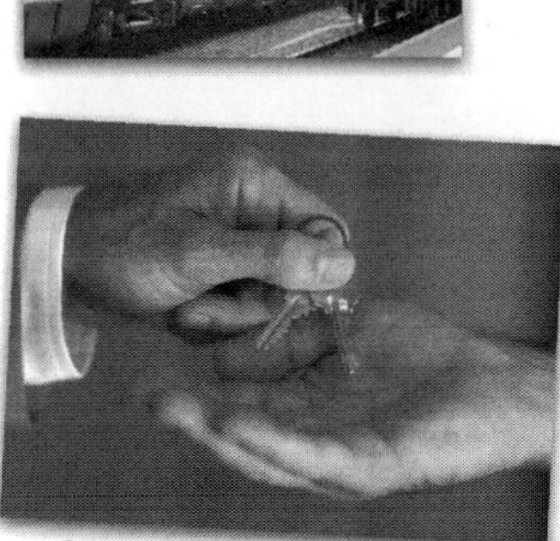

f)

g)

h)

Tarea 3. 24

Vas a escuchar a Sonia hablando sobre sus viajes. Cada audición se repite dos veces. Relaciona cada ciudad con una letra de la columna de la derecha. Hay tres letras que no puedes seleccionar.

11. Valencia
12. Cancún
13. Vitoria
14. Toledo
15. Palma de Mallorca
16. Madrid
17. Cartagena de Indias
18. Granada

a) Está en el norte de España.
b) Es una ciudad muy cultural.
c) Hay muchos restaurantes.
d) Allí la paella es muy buena.
e) Tiene unas playas fantásticas.
f) Está en una isla.
g) Hay un gran río.
h) Es ideal para hacer submarinismo.
i) Tiene un teatro muy famoso.
j) La Alhambra está allí.
k) Está cerca de Madrid.

11	12	13	14	15	16	17	18

Tarea 4. 25

Pepe se ha mudado de casa y cuenta a su amiga cómo es su nuevo piso.
Completa el texto con la información que falta. Escucharás la audición tres veces.

19. El piso está muy bien ______________ con el metro y el autobús.

20. El piso es muy luminoso y soleado porque es ______________.

21. Tiene una ______________ bastante grande.

22. Lo que más le gusta a Pepe de su piso es el ______________.

23. El piso tiene calefacción, ______________ ______________ y garaje.

24. En la calle hay mucho ______________.

25. No tiene ascensor y es un ______________ piso.

3. Prueba de expresión y de interacción escritas *Duración: 25 minutos*

Tarea 1.

Un amigo tuyo quiere inscribirse en la escuela de español *Avance* en Madrid. Ayúdale a completar el formulario de inscripción.

***Escuela de español Avance*: FORMULARIO DE INSCRIPCIÓN**

Nombre: ____________ Apellido(s): ____________________________________

Hombre ❑ Mujer ❑

Fecha de nacimiento:

Día ________ Mes ________ Año ________

Lugar de nacimiento: ______________________________ País: ________________

Dirección postal en España:

Calle ____

Localidad ____

Provincia _______________________________________ Código postal __________

Teléfono fijo __________________________ Teléfono móvil ____________________

Correo electrónico ____

Curso/Nivel
(solo si es principiante o si ya ha realizado la prueba de nivel):

¿Desea preparación para los exámenes DELE? Sí ❑ No ❑

¿Qué otras lenguas habla?

Lengua	Habla	Escribe	Lee	Entiende
________________	❑	❑	❑	❑
________________	❑	❑	❑	❑
________________	❑	❑	❑	❑

Tarea 2.

Quieres participar en un concurso televisivo de contenidos culturales. Escribe un correo electrónico a la dirección del programa para presentarte.

En el correo electrónico debes:
- Saludar
- Dar tu información personal básica
- Hablar de tu ocupación o trabajo habitual
- Hablar de las cosas que te gustan y te interesan
- Explicar por qué quieres participar en el concurso
- Despedirte

Número de palabras: entre 20 y 30.

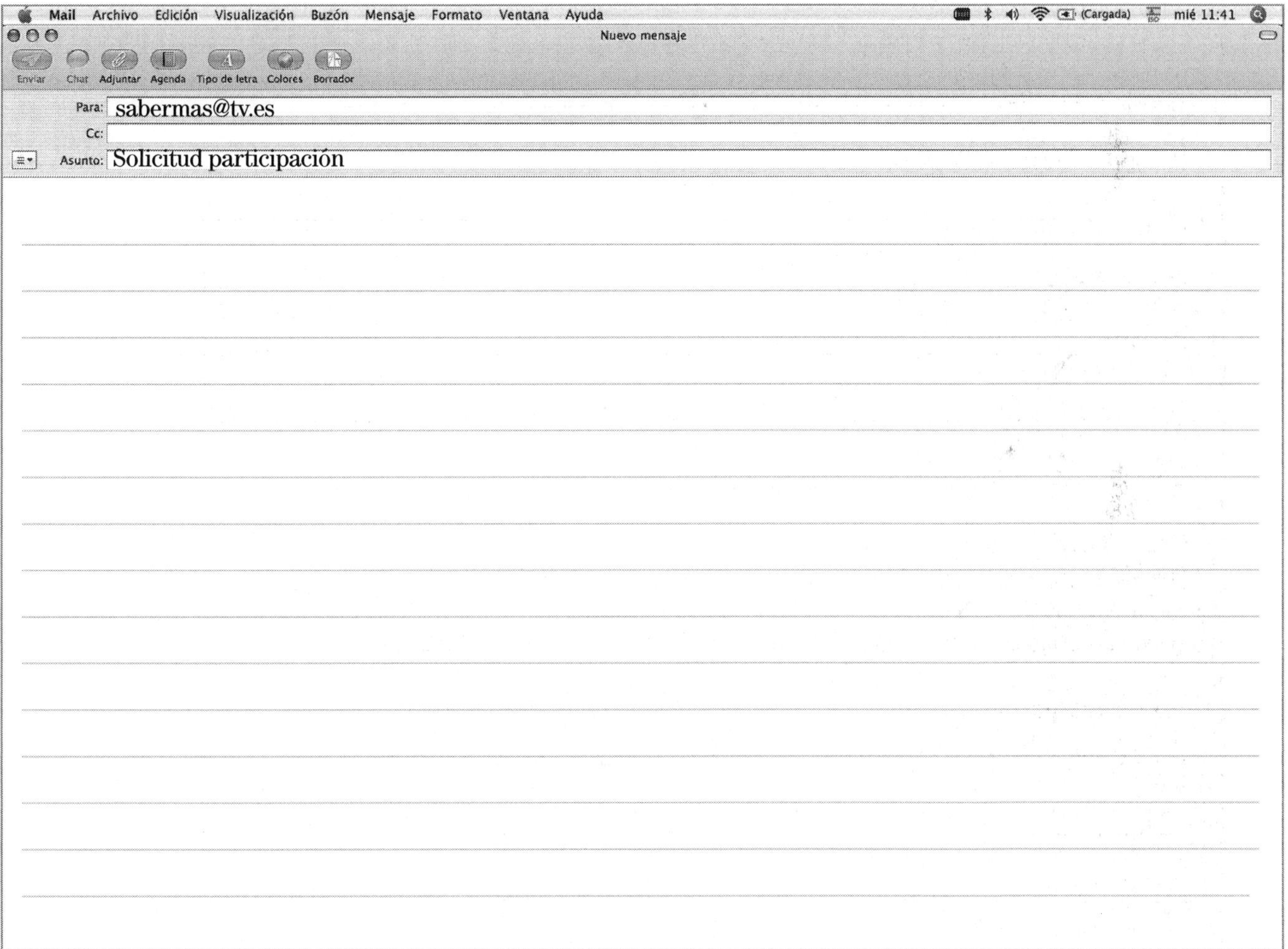

4. Prueba de expresión y de interacción orales

(Tienes 15 minutos para preparar las tareas 1 y 2)

Tarea 1.

Tienes que hacer una presentación personal durante 1 o 2 minutos.
Puedes hablar de estos temas.

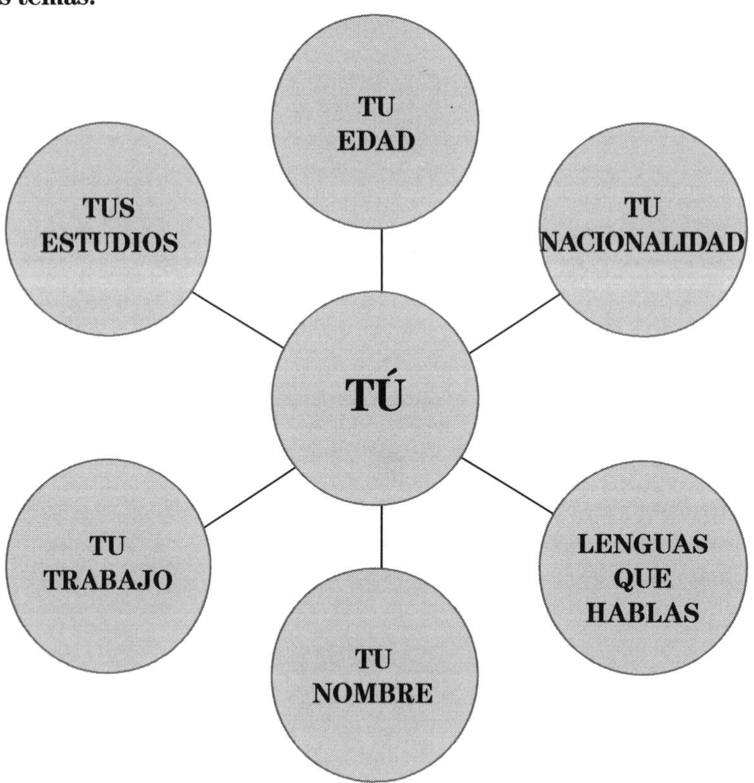

Tarea 2.

Debes seleccionar tres de las cinco opciones para hablar durante 2 o 3 minutos.

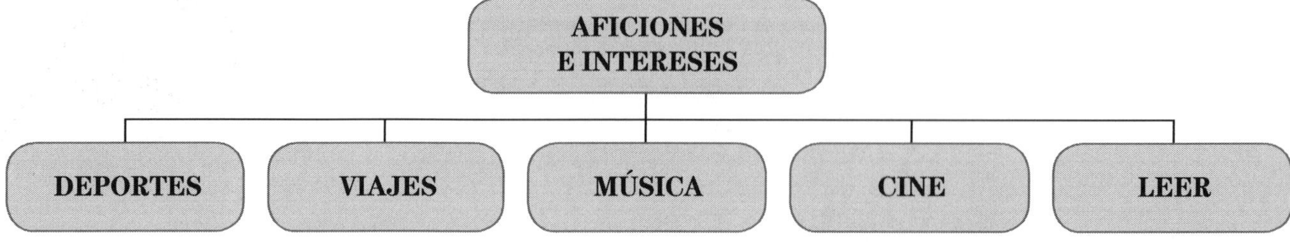

Puedes hablar de:
- ¿Qué te gusta hacer en tu tiempo libre?
- ¿Qué deportes practicas?
- ¿Cuál es tu música preferida? ¿Cuáles son tus artistas favoritos?
- ¿Qué tipo de cine te gusta? ¿Vas normalmente al cine?
- ¿Te gusta viajar? ¿Qué países conoces? ¿Qué planes tienes para las próximas vacaciones?
- ¿Te gusta leer? ¿Dónde lees normalmente y a qué hora?

Tarea 3.

Conversación con tu profesor/a sobre tu presentación (tarea 1) y sobre la exposición del tema (tarea 2). La conversación dura 3 minutos aproximadamente.

Tarea 4.

Por favor, mira las láminas y representa los diálogos (contesta o pregunta) con tu profesor/a o con un compañero/a.

Lámina 1

Pregunta — *Tú respondes*

Lámina 2

Respuesta — *Tú preguntas*

Lámina 3

Pregunta — *Tú respondes*

Lámina 4

Respuesta — *Tú preguntas*

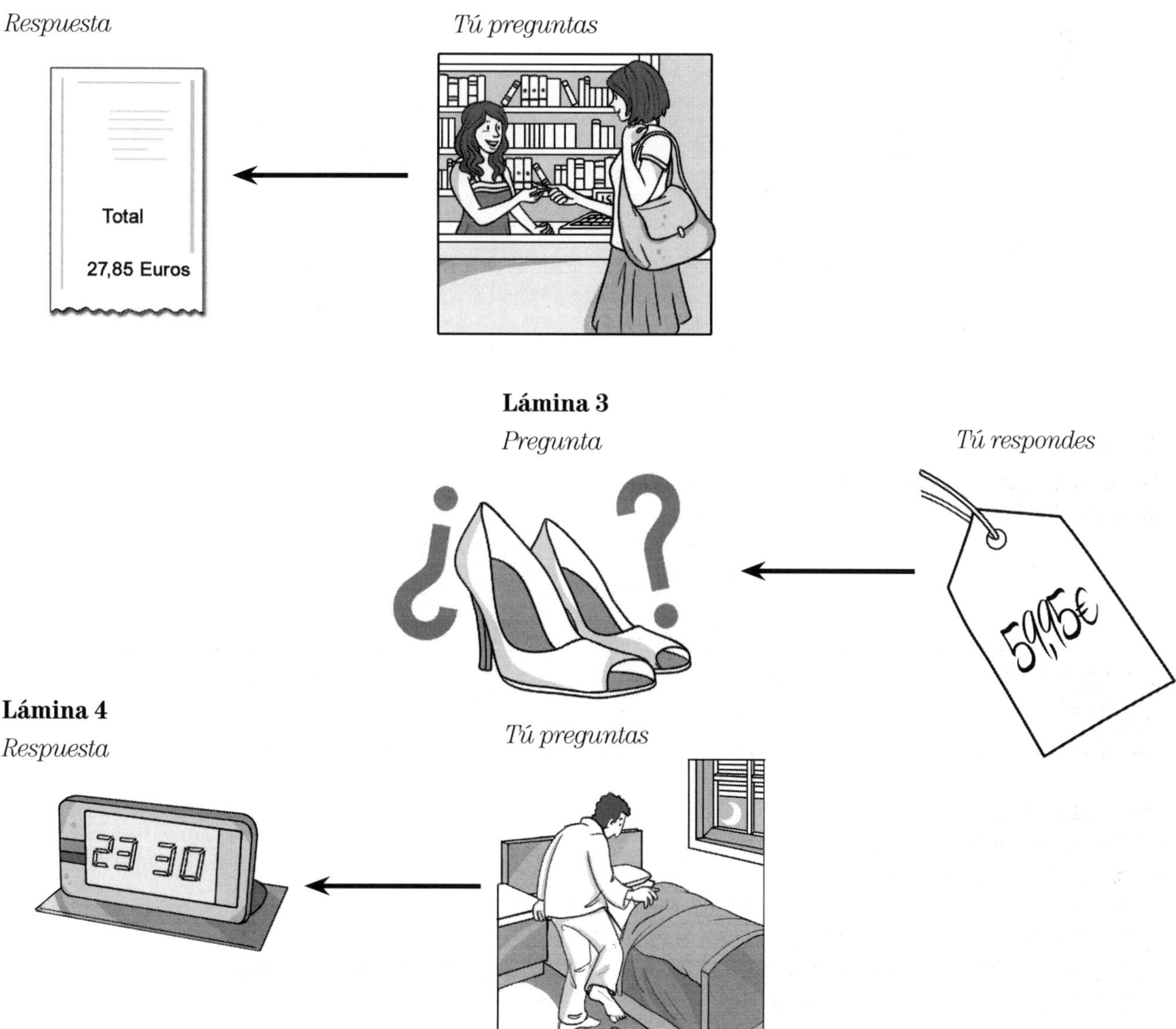

Cuaderno de ejercicios: Soluciones

Unidad Preliminar

Actividad 1
A 1 b **2** a **3** a **4** a **5** b **6** a
B Respuesta libre.

Actividad 2
Camarero: coche, cuatro, kilo, quinto, Cuba, Costa Rica, queso.
Zapato: zorro, zumo, cine, cinco, cena.
Jueves: jamón, jugar, gente, Jerez, girasol, jirafa.
Guatemala: goma, gato, Galicia, guapo, guitarra, guerra.

Actividad 4
A •
B El número ocho.

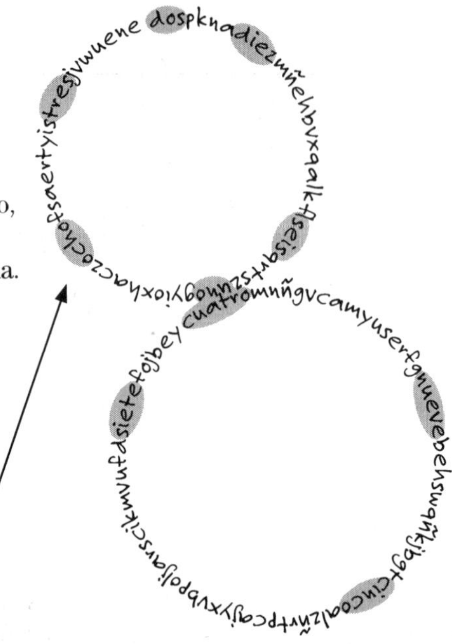

Actividad 5
1 ¿Puede repetir?, ¿Puede deletrear?
2 ¿Qué significa?
3 ¿Cómo se escribe?, ¿Puede escribirlo en la pizarra?
4 ¿Cómo se pronuncia?

Actividad 6 A
A 1 Despedirse **2** Saludar **3** Saludar **4** Despedirse
B 1 d **2** c **3** a **4** b
C Respuesta libre.

Actividad 7
Respuesta libre.

Actividad 8
Respuesta libre.

Unidad 1: *Ser o no ser*

Actividad 1
1 Somos **2** es, Es **3** es, Es **4** sois, Somos **5** es, Es **6** soy **7** es, Soy **8** es, Es **9** son, Son **10** sois, Somos

Actividad 2
1 La, blanca **2** La, roja, amarilla **3** El, amarillo **4** La, verde, roja, blanca **5** El, azul **6** La, verde **7** El, naranja **8** El, marrón **9** El, negro, blanco, rojo, verde **10** Las, verdes, negras

Actividad 3
Diálogo 1
● Hola Pedro, ¿qué tal?
▼ Muy bien. ¿Y tú?
● Bien. Mira, te presento a mi amigo Luis.
▼ ¡Hola Luis!
● Encantado.

Diálogo 2
● Buenos días. Soy Mª José Ortega.
▼ Buenos días. Encantada de conocerla, señora Ortega. Yo soy Alicia Ochoa, la secretaria. ¿Cómo está usted?
● Encantada, señora Ochoa.

Actividad 4
A 2 Wangari Maathai **3** Ray Loriga **4** Oscar Niemayer **5** Stephanie Rice **6** Ángeles Mastretta

B 2 Se llama Wangari Maathai, es keniata y es ecologista. **3** Se llama Ray Loriga, es español y es escritor y guionista de cine. **4** Se llama Oscar Niemayer, es brasileño y es arquitecto. **5** Se llama Stephanie Rice, es australiana y es nadadora.
6 Se llama Ángeles Mastretta, es mexicana y es escritora.

Actividad 5 / Actividad 6
Respuesta libre.

Actividad 7
A

D	P	G	U	A	P	A	I	N
E	M	O	R	E	N	O	E	V
L	A	R	T	I	P	V	O	E
G	L	I	A	F	O	Z	G	U
A	Y	T	O	J	E	B	A	J
D	L	V	R	S	A	R	E	T
A	P	H	R	U	B	I	O	M

B 2 delgado/delgada
3 moreno/morena **4** alto/alta
5 bajo/baja **6** rubio/rubia
7 gordo/gorda **8** joven/joven

Actividad 8
1 V **2** V **3** F **4** F **5** V **6** V **7** F **8** V

Actividad 9
cinco astronauta, **uno** actriz, **siete** futbolista, **seis** jardinero, **dos** profesora, **cuatro** escritora, **diez** pintora, **ocho** fotógrafo, **nueve** camarera, **tres** médico.

Actividad 10

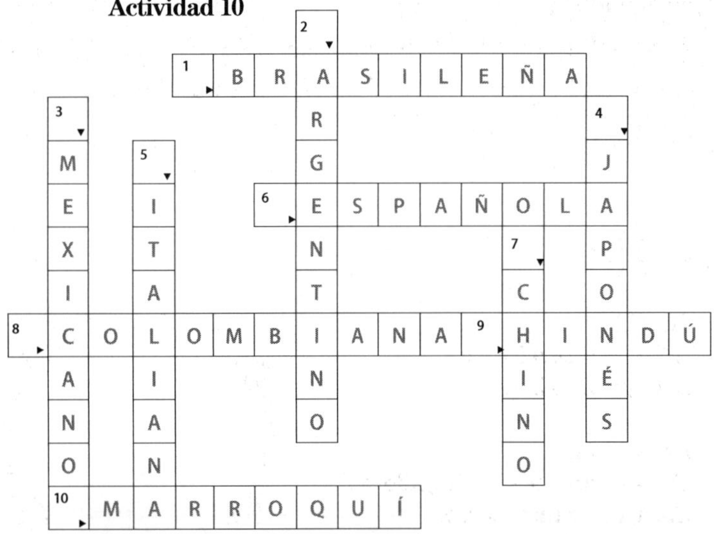

Unidad 2: ¿Estudias o trabajas?

Actividad 1
1 b **2** a **3** a **4** b **5** a **6** b **7** b **8** b

Actividad 2 A

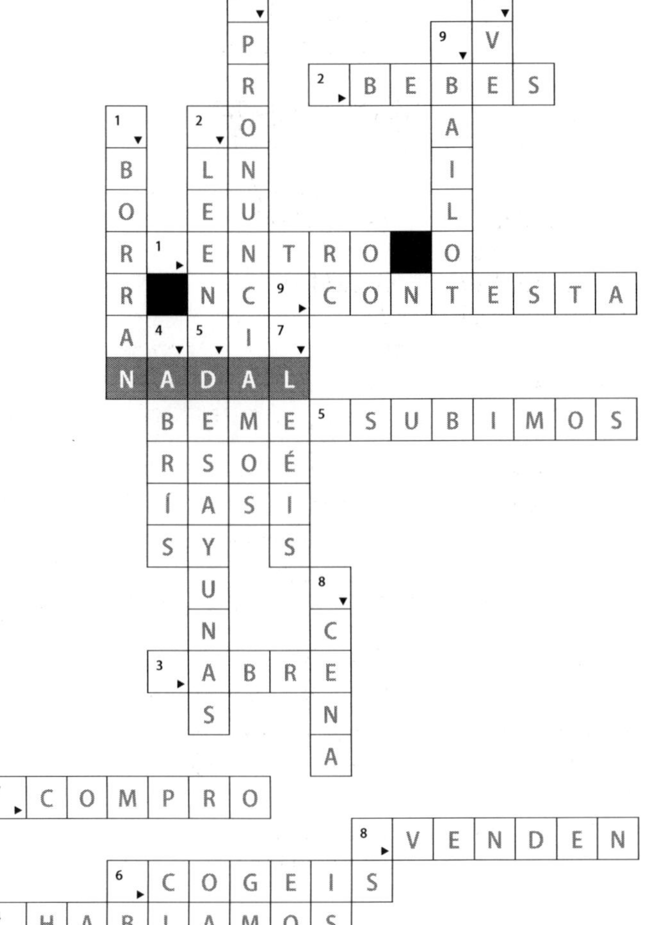

Actividad 2 B
Nadal

Actividad 3
A a 5 **b** 7 **c** 2 **d** 8 **e** 4 **f** 10 **g** 3 **h** 6 **i** 1 **j** 9
B a Fernando Alonso **b** Iker Casillas **c** Gabriel García Márquez **d** Paulina Rubio **e** Penélope Cruz **f** Sara Baras **g** Plácido Domingo **h** Ferran Adriá **i** Mireia Belmonte **j** Pedro Almodóvar

Actividad 4
A 28, 16, 19, 15, 23, 30
B a veinticuatro **b** doce **c** diecisiete **d** trece **e** dieciocho **f** veinticinco

Actividad 5
Respuesta libre.

Actividad 6
1 de **2** en **3** en **4** de, a, de **5** del, de **6** al

Actividad 7
2 Tú **3** Tú **4** Usted **5** Tú **6** Usted

Actividad 8

O	F	A	M	L	L	I	T	R	E	S	T	I	M	A
N	E	O	C	I	U	K	S	C	O	L	E	G	I	O
L	E	G	U	Ñ	R	R	O	X	A	L	E	I	D	P
B	O	T	U	Y	O	C	I	N	A	M	L	A	B	A
J	R	U	G	E	N	I	P	A	M	O	C	E	F	I
C	E	Z	E	A	D	I	Q	D	U	R	F	A	G	E
A	S	I	B	A	R	O	Q	M	E	D	I	Z	O	D
M	T	S	U	B	F	A	R	M	A	C	I	A	D	I
Ñ	A	T	O	U	F	B	R	I	O	N	E	S	I	S
V	U	H	U	E	T	E	L	O	U	X	F	I	O	C
Y	R	K	O	E	P	I	S	C	I	N	A	W	I	O
L	A	R	E	U	Ñ	R	O	P	I	R	A	C	I	T
J	N	A	S	A	C	I	N	A	E	C	A	L	L	E
V	T	A	L	L	E	R	Y	O	F	A	R	I	A	C
O	E	R	T	I	N	A	W	A	Z	E	T	R	I	A

Actividad 9

1 De Cádiz **2** Es nadadora **3** Un coche especial, velocidad y concentración **4** El Nobel de Literatura **5** En un restaurante **6** Es muy elegante **7** En Madrid **8** De México **9** Penélope Cruz **10** Iker Casillas

Actividad 10

Respuesta libre.

Unidad 3: *Estoy en España*

Actividad 2A

L	W	O	P	I	Z	A	R	R	A	E	L	M	U	L
S	G	M	E	F	O	R	A	M	I	L	H	S	Z	I
T	O	F	V	I	V	B	O	L	I	G	R	A	F	O
G	G	O	J	U	L	A	S	Z	Y	U	B	O	M	V
E	F	O	M	L	O	B	L	O	N	D	I	M	A	O
Q	U	I	M	A	R	E	T	V	X	A	O	E	L	Ñ
H	A	N	S	A	C	A	P	U	N	T	A	S	B	U
G	S	I	L	A	T	U	J	U	N	M	T	A	F	O
X	I	F	I	E	M	L	A	P	I	Z	C	A	M	U
O	L	A	P	V	S	W	A	D	Q	T	F	H	U	R
S	L	R	K	I	M	A	T	R	E	N	O	N	I	L
U	A	F	E	S	T	U	C	H	E	R	E	G	S	I
C	U	A	V	G	O	G	I	L	A	F	N	I	M	B
Z	A	H	A	B	L	O	C	V	E	N	M	O	T	R
J	U	A	R	I	D	A	V	E	N	F	A	L	O	O

B 2 el cuaderno, los cuadernos/un cuaderno, unos cuadernos **3** el libro, los libros/un libro, unos libros **4** la goma, las gomas/una goma, unas gomas **5** la silla, las sillas/una silla, unas sillas **6** la pizarra, las pizarras/ una pizarra, unas pizarras **7** el estuche, los estuches/ un estuche, unos estuches **8** la mesa, las mesas/ una mesa, unas mesas **9** el bolígrafo, los bolígrafos/un bolígrafo, unos bolígrafos **10** el sacapuntas, los sacapuntas/un sacapuntas, unos sacapuntas **11** la regla, las reglas/unas regla, unas reglas **12** la carpeta, las carpetas/una carpeta, unas carpetas;

Actividad 3

2 Está debajo de la mesa. **3** Está al lado de la mesa. **4** Está a la derecha del sillón. **5** Está a la izquierda del sillón. **6** Está en el sillón. **7** Está detrás del sillón. **8** Está delante de la mesa. **9** Está encima de la mesa. **10** Está junto a la mesa. **11** Está sobre el sillón. **12** Está al fondo del salón.

Actividad 4

2 es **3** está **4** están **5** hay **6** está **7** son **8** hay **9** hay **10** está

Actividad 5
1 la **2** los **3** Un, unos, unas, un **4** la, el **5** unos, unos, unas **6** la **7** las, El, el, el, el **8** unos, los, las **9** la, la **10** una, un

Actividad 6
1 Allí. **2** Ahí. **3** Aquí.

Actividad 7
A Es el aula 2.
B Respuesta libre.

Actividad 8
B 1 Ocho: Almería, Cádiz, Córdoba, Granada, Huelva, Jaén, Málaga y Sevilla.
2 Granada, Córdoba, Sevilla, Málaga, el Parque Nacional de Doñana, Jerez de la Frontera, la Costa de la Luz, etc.
3 Sí, hay muchos: la Catedral, la torre de la Giralda y la torre del Oro en Sevilla, la Alhambra y los jardines del Generalife en Granada, la Mezquita de Córdoba, los conjuntos monumentales renacentistas de Úbeda y Baeza en Jaén, etc.

C 1 ¿Cuál es el río principal de Andalucía? **2** ¿Cómo es el clima de Andalucía? **3** ¿Qué son el gazpacho y el pescadito frito?

D Respuesta libre.

Actividad 9
2 La segunda calle a la derecha y después la primera a la izquierda.
3 Todo recto y la primera calle a la derecha, al fondo está la Plaza y ahí está la Catedral.

Actividad 10
Respuesta libre.

Unidad 4: *La familia, bien gracias*

Actividad 1

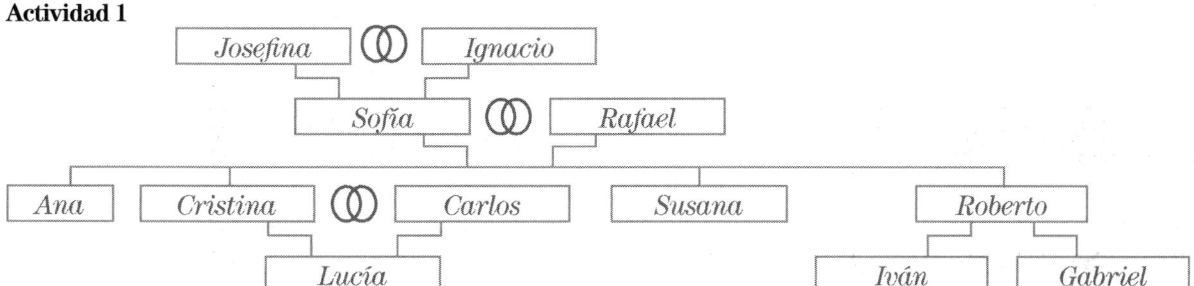

B Respuesta libre

Actividad 2

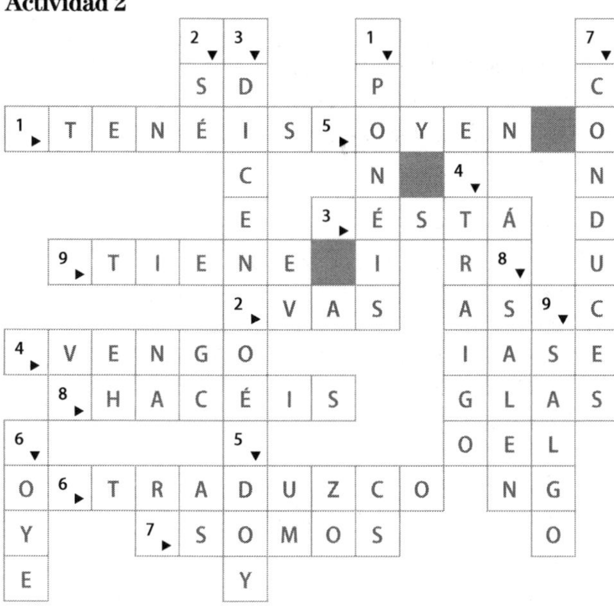

Actividad 3
A 3 México **4** jugar al ajedrez **5** hacer un bizcocho **6** jugar al fútbol **7** mi profesor/a **8** tocar el piano **9** ruso **10** los amigos de mi novio/a **11** Museo del Prado **12** Barcelona **13** esquiar **14** Roma **15** los abuelos de mi novio/a **16** nadar **17** cocinar
B Respuesta libre.

Actividad 4
1 hace aeróbic **2** va al cine, practica tai chi
3 va a clases de alemán **4** cena con su amigo Álvaro. Va al monte con sus amigos **5** tiene reuniones de trabajo **6** come con su madre.

Actividad 5
1 b **2** a **3** f **4** g **5** h **6** c **7** d **8** e

Actividad 6
B Haigo-Correcto: hago; Traduzo-Correcto: traduzco; Pono-Correcto: pongo; Sabo-Correcto: sé; Conozo-Correcto: conozco
C 1 Es una ciudad muy bonita. **2** Dos. Se llaman Arturo y David. **3** Es enfermera. **4** A las 13.00. **5** Trabaja en un bar del centro. **6** Da una vuelta con sus amigos de la academia de español.

Actividad 7
2 su **3** mis **4** sus **5** nuestros
6 vuestros **7** su **8** tu, mis **9** tus
10 mi

Actividad 8
1 Rafael y Sofía **2** Tres. Lucía, Iván y Gabriel **3** Tienen 3 hijas, Ana, Cristina y Susana. **4** Carlos
5 De Sofía

Actividad 9
A 1 F **2** F **3** V **4** F **5** V
B 4, 3, 1, 5, 2

Actividad 10
Respuesta libre.

Unidad 5: *De fiesta en fiesta*

Actividad 1
Agenda de Víctor
Sábado 5: la Biblioteca Municipal, 10.00, 17.30, 20.00, Teatro Principal.
Domingo 6: Cine *Más allá de la vida*, el cine Florida, 20.30
Agenda de Marta
Sábado 5: 11.00, Ir al teatro, 20.00, Teatro Principal.

Actividad 2
A 1 El 24 de junio. **2** La llegada del verano. **3** Se hacen hogueras y se queman cosas viejas, hay verbenas, la gente va a la playa y se acuesta muy tarde porque espera la salida del sol. **4** En Cataluña, Alicante, Soria y Málaga. **5** Pisar el fuego descalzo y a veces llevar a otra persona en la espalda. **6** Respuesta libre.
B Respuesta libre.

Actividad 3
2 luna **3** cielo **4** mar **5** playa **6** montaña
7 sol **8** campo
a sol **b** playa **c** campo **d** estrella **e** luna
f montaña **g** cielo **h** mar

Actividad 4
1 muchos **2** mucho **3** mucha **4** muy
5 muy **6** mucho, muchos **7** muy **8** muy
9 mucho **10** mucho, mucha

Actividad 5
1 sustituye **2** Puedes, veo **3** consigo, quiero, pierdo **4** sueles, voy, jugamos
5 cierran **6** prefiere **7** encuentro, Tengo, traigo **8** Sueño, pierdo, empiezan, llego, me acuerdo **9** Incluyen **10** Pienso, cuento **11** puedo, oigo, leo, hago, suelo, enciendo, consigo

Actividad 6
se celebra, Estudio, vivo, vuelvo, puedo, salgo, nos acostamos, duerme, recuerdan, pienso, Quieres.

Actividad 7
Respuesta libre.

Actividad 8
1 c **2** i **3** f **4** g **5** a **6** e

Actividad 9
2 el 7 de julio **3** el 6 de julio, 8 de julio
4 Fangoria **5** deportes rurales vascos
6 Fermín y Santi **7** el 7 de julio **8** el 6 de julio

Actividad 10
Respuesta libre.

Unidad 6: *Un día normal en la vida de...*

Actividad 1
A Respuesta libre.
B b maquillarse, 6 **c** vestirse, 10 **d** leer revistas de moda, 4 **e** depilarse, 9 **f** ponerse perfume, 7 **g** darse crema, 2 **h** ir a la peluquería, 8 **i** afeitarse, 6 **j** lavarse el pelo, 3
C y **D** Respuesta libre.

Actividad 2
A 1 En la radio. Es locutora de radio. **2** No. Es un trabajo apasionante para Olga. **3** A las 4.00 de la madrugada. **4** A las 5.00 de la madrugada. **5** Seis horas y media. **6** Habla con sus hijos. **7** Lee los periódicos, ve la tele, repasa el guion de su programa, estudia y habla por teléfono con su madre y con amigas. También merienda un poco. **8** Cena en la radio con los compañeros. **9** A la 1.00 de la madrugada. **10** Porque pasa más tiempo con sus hijos.

Actividad 3
Respuesta libre.

Actividad 4

R	Y	I	U	H	J	B	V	C	X	M	K	P	D	J
Ñ	D	A	R	E	T	C	I	B	V	D	M	P	E	I
Q	W	A	B	C	I	P	U	L	L	I	P	U	N	A
L	X	Z	F	E	O	Y	O	T	A	M	E	L	T	Q
U	P	I	B	P	A	L	T	O	N	I	I	J	I	U
C	V	Z	E	I	R	A	L	Ñ	H	O	N	L	F	Y
R	O	B	T	L	G	E	N	E	R	O	E	H	R	E
A	R	R	I	L	J	G	A	T	B	G	E	M	I	Z
P	R	I	T	O	A	L	L	A	K	Ñ	O	Y	C	A
L	L	C	H	A	I	D	J	S	E	C	A	D	O	R
L	O	N	G	T	U	A	Y	M	B	H	K	P	U	I
E	V	U	C	A	R	Ñ	J	Y	Q	A	M	O	R	I
C	U	C	H	I	L	L	A	G	B	M	Ñ	I	B	O
W	X	I	L	E	N	T	O	S	H	P	V	I	V	I
R	I	C	A	T	H	O	A	E	S	U	F	I	P	F

Actividad 5
2 se duermen, se despiertan
3 me encuentro **4** Te sientes
5 Nos vamos **6** se viste **7** se cepillan
8 se peina, se cepilla **9** te sientas
10 se llama **11** Me río, me aburro

Actividad 6
2 Ø **3** se, me **4** Os, Ø **5** se **6** nos, me, me, me, me **7** te **8** se, Ø **9** os, nos, nos, nos **10** Ø

Actividad 7
1 e **2** d **3** c **4** a **5** b

Actividad 8
una camisa de cuadros, dos camisetas, un impermeable, unos pantalones, dos o tres calzoncillos, dos o tres pares de calcetines, unas zapatillas deportivas, unos guantes, una gorra, una cartera del dinero, un peine, una cuchilla de afeitar, un cepillo de dientes, pasta de dientes, un Ipod, un teléfono móvil, una cámara de fotos, un libro.

Actividad 9
2 C **3** I **4** A **5** G **6** F

Actividad 10
Posibles respuestas: **1** La 42 **2** ¿A qué hora te levantas? **3** ¿Qué número de pie tienes? **4** Todos los días, un día a la semana.

Actividad 11
Respuesta libre.

Unidad 7: *Para gustos están los colores*

Actividad 1
Respuesta libre.

Actividad 2
Respuesta libre.

Actividad 3
2 una amiga **3** perro **4** ir al cine
5 supermercado **6** grande
7 bailar **8** jueves **9** ver la tele
10 simpático

Actividad 4
A 2 La primavera, **3** El otoño,
4 El invierno
B Respuesta libre.

Actividad 5
A 2 Llueve **3** Nieva **4** Hay niebla
5 Está nublado **6** Hace viento
7 Hace frío **8** Hace calor
B Reproducir el mapa resuelto con todos los iconos en su sitio según la grabación

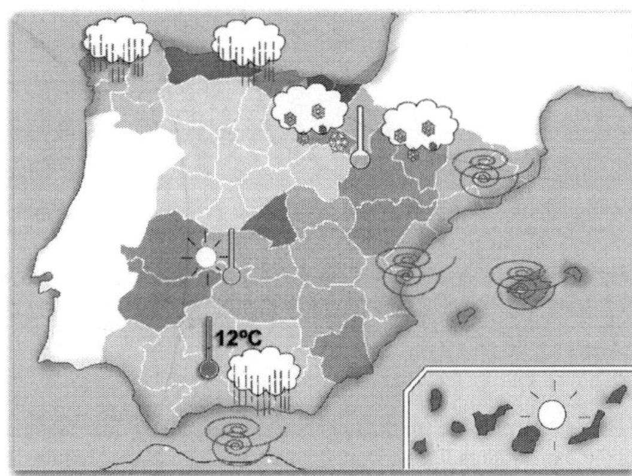

Actividad 6
1 me gustan **2** Te duele, me duele **3** nos encanta, Me molestan **4** os interesa, Nos gusta **5** te importa **6** les encanta, me gusta, te gustan **7** les apetece
8 me duelen **9** le gusta, me encanta
10 le gustan, le gusta

Actividad 7
Respuesta libre.

Actividad 8
1 poco **2** mucho **3** deprisa **4** despacio
5 mucho **6** nunca **7** nada **8** pronto
9 tarde **10** poco

Actividad 9
A 2 Alpinismo **3** Fórmula 1 **4** Tenis
5 Atletismo **6** Natación **7** Golf
8 Balonmano **9** Waterpolo
10 Fútbol
B Respuesta libre.
C Respuesta libre.

Actividad 10
Respuesta libre.

Unidad 8: *¡Qué bueno!*

Actividad 1
A y **B 2** las cebollas **3** las galletas **4** las uvas **5** los mejillones **6** el salmón **7** el aceite **8** el cerdo **9** los pepinos **10** el melón **11** los plátanos **12** las zanahorias **13** el arroz **14** las gambas **15** el pollo **16** el chocolate **17** el melocotón **18** las patatas **19** los tomates **20** la pasta **21** la fresa **22** las manzanas **23** la lechuga **24** las sardinas **25** la leche **26** los pimientos **27** la sandía **28** el ajo **29** el queso **30** el cordero **31** la coliflor **32** la mermelada **33** las peras
C Respuesta libre.

Actividad 2
2 b, c **3** b, d **4** b, d **5** b, c

Actividad 3
2 En la frutería **3** En la pescadería
4 En la carnicería **5** En la pescadería
6 En la frutería **7** En la frutería

Actividad 4
Posibles respuestas:
1 Dos kilos de tomates
2 ¿A cuánto están las almejas?
3 ¿Cuánto es?
4 Sí, unos ajos.

Actividad 5
1 Una caja de galletas tiene más kilocalorías que un vaso de leche. **2** La casa de Inés tiene más dormitorios que la mía. **3** En nuestra clase hay tantos alumnos como en la clase de español B1. **4** La casa de mis padres es más grande que la mía. **5** Me gusta el queso feta tanto como el queso mozzarella. **6** El arroz tiene que hervir más tiempo que la pasta.

Actividad 6
A 2 ¡Qué manzanas más ricas! **3** ¡Qué simpático es el novio de tu amiga! **4** ¡Cuánto estudia tu compañera de clase!
5 ¡Cuánto ruido hay en tu barrio!/¡Qué ruido hay en tu barrio! **6** ¡Qué ordenada está la casa! **7** ¡Cuántos libros lee Alberto! **8** ¡Qué pronto se levanta Susana!
9 ¡Qué anchoas más buenas hay en la pescadería!
10 ¡Cuántos yogures hay en la nevera!
B Respuesta libre.

Actividad 7
A

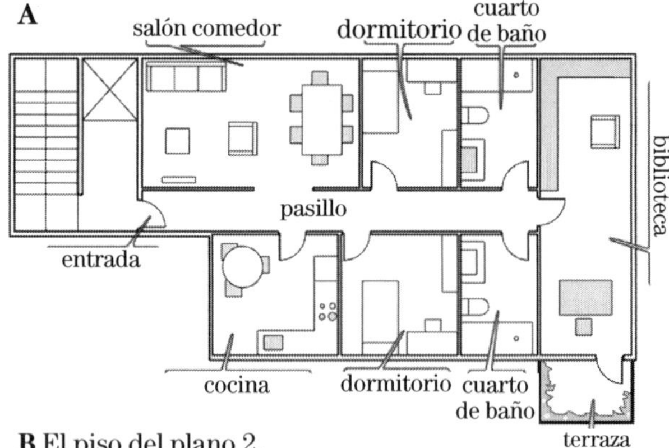

B El piso del plano 2.

Actividad 8
Respuesta libre.

Actividad 9
1 Tengo que llevar un bañador. / Tengo que llevar el bañador. / Tengo que llevar bañador. **2** Tiene que llevar el pasaporte. / Tiene que llevar pasaporte. **3** Tengo que llevar el libro Nuevo Avance 1. **4** Tiene que llevar una botella de vino. **5** Tengo que llevar unos guantes y un gorro. / Tengo que llevar los guantes y el gorro. / Tengo que llevar guantes y gorro. **6** Tienen que llevar el carné de conducir. / Tienen que llevar carné de conducir. **7** Tenemos que llevar dinero. **8** Tenéis que llevar un regalo.

Actividad 10
Respuesta libre.

Unidad 9: *¿Qué te ha dicho el médico?*

Actividad 1
B 1 F **2** F **3** V **4** F **5** V **6** V **7** F **8** F **9** V **10** F **11** V **12** F **13** V
C Respuesta libre.

Actividad 2
1 b **2** b **3** b **4** a **5** a

Actividad 3
A 2 la oreja **3** la cara **4** el cuello **5** la espalda **6** el brazo **7** la muñeca **8** la mano **9** la uña **10** la rodilla **11** la pierna **12** el pelo **13** el ojo **14** la nariz **15** la boca **16** el hombro **17** el pecho **18** el codo **19** el ombligo **20** los dedos **21** el tobillo **22** el pie
B 2 las uñas **3** los codos **4** los hombros **5** los ojos **6** las narices **7** las muñecas **8** los brazos **9** los pechos **10** los pies **11** las rodillas **12** las piernas **13** los pelos **14** los tobillos
C la pierna, la cabeza, las uñas, en los hombros, la muñeca, la nariz, el cuello, el pelo

Actividad 4
1 g **2** a **3** c **4** f **5** b

Actividad 5
2 un vestido **3** las fresas **4** un reloj **5** unos guantes **6** la paella **7** un email/ un correo electrónico **8** las plantas/las flores

Actividad 6
1 A, A **2** en, en, a, en, de, a **3** En **4** por, de, de, a **5** de, de **6** Por, Para, por - a, por - a **7** En, En, de **8** Por, a, de, con, para **9** sin **10** con, de

Actividad 7
1 ninguna, algunos **2** mucho, muchos **3** algo, algunas, ningún **4** muy **5** nadie **6** mucha, muchas, muchos **7** mucho **8** ninguno **9** muchas, mucho **10** algún, ninguno **11** algo, muy

Actividad 8
Posible respuesta: Ha ido a los conciertos de Maná, Alejandro Sanz, Juanes, U2, Amy Winehouse, Madonna, Ricky Martin, ha estudiado portugués y ha leído a Saramago y Pessoa, ha ido mucho al cine, ha viajado a Roma, Berlín, París, India, Perú, China, ha escrito un diario, ha tenido dos perros.

Actividad 9
A 1 la boca, diez, diez, los ojos, la boca, ojo, diez (cinco y repetir) **2** la boca, aire, un carrillo **3** labios, u, los dedos, los labios, lechuga
B Respuesta libre.

Actividad 10
Respuesta libre.

EXAMEN TIPO DELE NIVEL A1

Prueba de comprensión de lectura

TAREA 1: 1 D **2** B **3** B **4** D **5** D

TAREA 2: 6 G **7** F **8** B **9** A **10** H **11** D

TAREA 3: 12 E **13** I **14** H **15** G **16** F **17** B

TAREA 4: 18 abril **19** tres **20** gratuito **21** teatro **22** patchwork y costura **23** iniciación a internet **24** 150/ciento cincuenta **25** bailes caribeños

Prueba de comprensión de auditiva

TAREA 1: 1 D **2** B **3** B **4** A **5** B

TAREA 2: 6 C **7** G **8** F **9** A **10** D

TAREA 3: 11 D **12** E **13** A **14** K **15** F **16** B **17** H **18** J

TAREA 4: 19 comunicado **20** exterior **21** terraza **22** despacho **23** aire acondicionado **24** ruido **25** cuarto

Transcripciones de las audiciones

Unidad Preliminar

Pista 1
Actividad 1.
1 M A R D O N E S **2** S U E C I A **3** B L A N C O **4** P I Ñ A **5** J I M É N E Z **6** Q U I Q U E.

Pista 2
Actividad 2.
Coche, jamón, jugar, zorro, zumo, cuatro, goma, gente, cine, kilo, gato, cinco, Jerez, quinto, Galicia, girasol, cena, guapo, Cuba, guitarra, Costa Rica, queso, guerra, jirafa.

Unidad 1: *Ser o no ser*

Pista 3
Actividad 8.
Hola, soy María Trillo. Soy española de Toledo. Toledo es una ciudad antigua y muy bonita. Soy periodista. Soy alta y morena, simpática y trabajadora. Mi amiga Silvia es abogada y es argentina, de Buenos Aires. Buenos Aires es muy grande y moderna. Silvia es rubia y muy guapa. Es también simpática y agradable.
Somos buenas amigas.

Pista 4
Actividad 9.
1 actriz **2** profesora **3** médico **4** escritora **5** astronauta **6** jardinero **7** futbolista **8** fotógrafo **9** camarera **10** pintora.

Unidad 2: *¿Estudias o trabajas?*

Pista 5
Actividad 1.
1 las tres y cuarto **2** las cinco y veinticinco **3** las ocho y media **4** las diez menos diez **5** las cuatro y cuarto **6** las dos y veinte **7** la una **8** las siete menos cuarto.

Pista 6
Actividad 3A.
1 Es de Barcelona. Para su trabajo necesita una piscina y mucho entrenamiento. Participa en campeonatos de natación. **2** Es colombiano, de Aracataca. Escribe libros. Para su trabajo necesita una computadora y mucha imaginación. Su premio más importante es el Nobel de Literatura. **3** Es de Madrid. Para su trabajo necesita una gran voz. Canta e interpreta óperas. Actúa en los teatros más importantes del mundo. **4** Es madrileña, pero vive en Estados Unidos. Trabaja en el cine. Es muy elegante. La gente ve sus películas y a veces trabaja con el director de cine Pedro Almodóvar. Su premio más importante es un Óscar. **5** Es español, de Asturias. Para su trabajo necesita un coche especial, velocidad y concentración. Participa en carreras de coches por todo el mundo. **6** Es de Barcelona. Trabaja en un restaurante. Cocina platos muy ricos y originales. Para su trabajo necesita buenos alimentos y creatividad. **7** Es de Móstoles, Madrid. Trabaja con un balón de fútbol. Para su trabajo necesita una portería y mucha concentración. Forma parte de la selección española de fútbol. Su premio más importante es la Copa del Mundo. **8** Es mexicana. Canta y actúa por todo el mundo. Vende discos. También baila y colabora con otros artistas. **9** Es español, de un pueblo de Ciudad Real, pero vive en Madrid. Para su trabajo necesita una cámara de cine, un buen guion y unos buenos actores. Su actriz favorita es Penélope Cruz. **10** Es andaluza, de Cádiz. Para su trabajo necesita un tablao flamenco y música flamenca. Viaja mucho. Baila y actúa por todo el mundo.

Pista 7
Actividad 4A.
Veintiocho, dieciséis, diecinueve, quince, veintitrés, treinta.

Pista 8
Actividad 7.
1 Buenas tardes, ¿qué tal está? / Muy bien, gracias.
2 Hola, ¿cómo te llamas? / Gabriel.
3 ¿De dónde eres? / Soy ecuatoriana, de Quito.
4 ¿Dónde trabaja? / En Madrid.
5 Hola, ¿cómo estás? / Regular, ¿y tú?
6 ¿Qué idiomas habla? / Inglés y un poco de francés.

Unidad 3: *Estoy en España*

Pista 9

Actividad 1B.

Cuarenta, treinta y dos, treinta y siete, cuarenta y nueve, treinta y nueve, cincuenta, cuarenta y cuatro, treinta y cinco, cuarenta y ocho, cuarenta y dos, cuarenta y siete, treinta, cuarenta y tres, treinta y uno, cuarenta y seis, cuarenta y uno, treinta y tres, cuarenta y cinco, treinta y ocho, treinta y cuatro, treinta y seis.

Pista 10

Actividad 7A.

En mi aula hay diez mesas y diez sillas. Están juntas y forman casi un círculo. Hay una mesa grande. Encima de la mesa grande hay dos libros y un ordenador portátil. Encima de las mesas pequeñas hay estuches, cuadernos y libros. En la pared hay unos pósters.
Hay tres ventanas muy grandes al fondo y una puerta al lado de la pizarra.

Unidad 4: *La familia bien, gracias*

Pista 11

Actividad 1A.

- ● Ana, ¿esta es tu familia?
- ▼ Sí, esta es mi madre, Sofía, y este mi padre, Rafael.
- ● ¡Qué guapos! ¿Cuántos años tienen?
- ▼ Mi padre tiene 61 años y mi madre 58.
- ● Esta no es vuestra casa, ¿verdad?
- ▼ No, es la casa de la abuela. Vamos todos los domingos a comer allí. Mira, esta es mi abuela, Josefina. Y este mi abuelo Ignacio.
- ● ¿Son los padres de tu madre?
- ▼ Sí.
- ● Y ¿esta niña tan guapa?
- ▼ Es mi sobrina Lucía, la hija de mi hermana Cristina y de Carlos.
- ● Y este chico alto es tu hermano, ¿no?
- ▼ Sí, Roberto. Y esta, mi hermana pequeña, Susana.
- ● ¿Roberto está casado?
- ▼ No, está divorciado; tiene dos niños gemelos. Mira, aquí están: Iván y Gabriel.
- ● ¡Seguro que los domingos en casa de la abuela son muy divertidos!
- ▼ Sí, normalmente..., bueno, a veces discutimos mucho también...

Pista 12

Actividad 9B.

1 ¡Hola! Soy Arancha, tengo 36 años y trabajo en la cocina de un restaurante. Vivo en Bilbao con mi hijo Iñaki de ocho años. Aquí estamos en la playa. **2** ¡Hola! Me llamo Alba y os presento a mi familia: mi padre Francisco que es informático y mi madre Mónica que es abogada. El niño más pequeño es mi hermano Efrén y los dos niños mayores, Gerardo y Pablo, son hijos de mi padre, de su matrimonio anterior. Vivimos en Cartagena. **3** ¡Hola! Somos Begoña y Ricardo. Somos profesores. No estamos casados y no tenemos hijos pero tenemos una gata preciosa. **4** Somos la familia Jimeno Azcaray. Yo me llamo Feliciano y mi mujer se llama Pilar. Trabajo en una peluquería de caballeros y Pilar es ama de casa. Vivimos en Logroño con nuestros dos hijos, José Ignacio y María. Los padres de mi mujer son Santiago y María y también están en la foto. Normalmente los domingos damos una vuelta todos juntos. **5** ¡Hola! Soy Marta y estoy casada con Fede. Tenemos dos hijas de origen chino, Eva que tiene siete años y Sara de cuatro añitos.

Unidad 5: *De fiesta en fiesta*

Pista 13

Actividad 1.

- ● ¡Hola Marta! ¿Qué tal?
- ▼ Bien. Y ¿tú?
- ● Regular. Esta semana tengo mucho trabajo...¡Qué bien que hoy es viernes! Tengo muchos planes para el fin de semana.
- ▼ ¿Sí?
- ● Mañana por la mañana voy a la exposición "Cómics de siempre" en la Biblioteca Municipal.
- ▼ ¿A qué hora?
- ● Es de diez a cinco y media pero yo solo puedo ir por la mañana, a las doce. ¿Quieres venir?
- ▼ No, no puedo. Tengo un partido de baloncesto a las once, jugamos la final... y después como en casa de la abuela. Y, ¿qué haces por la tarde?
- ● Tengo dos entradas de teatro para ver «Chicago» en el teatro Principal, a las ocho.
- ▼ ¿Puedo ir?
- ● Sí, claro. Y el domingo podemos ir al cine a ver *Más allá de la vida*, es la última película de Clint Eastwood.
- ▼ No sé... ¿A qué hora?
- ● A las ocho y media, en el cine Florida.
- ▼ El Florida está muy lejos de mi casa y es el cumpleaños de mi hermana. Hacemos una fiesta y seguro que terminamos tarde.
- ● Vale. Otro día vamos al cine. ¡Suerte con el partido!
- ▼ Gracias. ¡Hasta luego!
- ● ¡Hasta luego!

Pista 14

Actividad 8.

1 ¿Puedes encender la luz? / Sí, por supuesto. **2** ¿Puedo comer un bocadillo en clase? / No, pero puedes hacerlo en el descanso. **3** ¿Puede cerrar la ventana, por favor? Tengo frío. / Sí, claro que sí. **4** ¿Puedes comprar las entradas para el cine? / No, lo siento. Hoy no tengo tiempo. **5** ¿Puedo fumar aquí? / No, no se puede fumar dentro de la Escuela **6** ¿Puedes bajar la música, por favor? / Sí, claro. ¿Está bien así?

Unidad 6: *Un día normal en la vida de...*

Pista 15

Actividad 2A.

Hola, me llamo Olga Nevado. Son las 4 de la madrugada y ahora salgo del trabajo. Soy locutora de radio en la cadena *Onda Meridional* y mi programa se llama *Palabras en la noche*, empieza a la 1.00 y termina a las 4.00. Es un trabajo apasionante y escucho las historias, a veces tristes, a veces divertidas, emocionantes, dramáticas pero siempre interesantes. Otros oyentes escuchan y ayudan y aconsejan a las personas con problemas.

Ahora voy a casa en coche, llego, tomo un vaso de leche caliente y me acuesto a las 5.00 de la madrugada. No duermo bien porque durante el día no se descansa igual. Me despierto a las 11.30 de la mañana y me levanto a las 12.00. Me ducho y me hago un buen desayuno: zumo de naranja, dos o tres piezas de fruta, huevos, jamón, pan con tomate y aceite y mucho café. Esto me da mucha energía para todo el día.

Estoy divorciada. Tengo dos hijos que tienen 15 y 13 años. Estudian en el Instituto. Llegan a casa a las 14.00, y mientras comen, hablamos de sus estudios y de sus cosas. Yo también les cuento sobre mi trabajo en la radio. Es el único momento del día que estamos juntos, bueno, también los fines de semana. A las 16.00 vuelven al Instituto y después, a las 18.00 tienen entrenamiento de fútbol y clases de alemán.

Yo estoy en casa hasta las 19.00. Desde que mis hijos se van al Instituto hasta la hora de ir a la radio, leo los periódicos, veo un poco la tele, repaso el guion de mi programa, estudio y también llamo por teléfono a mi madre y a algunas amigas. Y meriendo un poco: tomo un bocadillo pequeño de queso y jamón, fruta y un café. Después, me visto, me maquillo y me peino. Salgo de casa a las 19.00 y hago algunas compras antes de ir a la radio.

Llego a la emisora sobre las 20.30 de la tarde y preparamos el programa de la noche. Ceno en la radio a las 22.00 de la noche con algunos compañeros. Siempre llamo a mis hijos para saber si todo está bien en casa.

¡A la 1.00 empieza el programa! La radio de noche es muy especial, muy distinta a la radio que se hace de día. Eso es lo mejor de mi trabajo. ¡Lo peor es que duermo poco y como poco! También estoy poco con mis hijos. Pero los fines de semana son diferentes: paso mucho tiempo con ellos.

Unidad 7: *Para gustos están los colores*

Pista 16

Actividad 3.

Esto es «Palabras en la noche» de Onda Meridional.

Hola, buenas noches. Me llamo Rocío y llamo para buscar pareja. Soy una mujer joven y trabajadora. Estoy soltera y vivo con una amiga. Tengo un perro Westy Terrier blanco. Me gustan mucho los animales, sobre todo los perros, y quiero tener otro. Trabajo en un supermercado, en el centro de mi ciudad. Me encanta esta ciudad porque es grande y cosmopolita. También me gusta ir al cine, ir al teatro... y también las discotecas. ¡Me encanta bailar! Voy a clases de salsa los jueves. Los sábados por la noche siempre salgo con mis amigos, no me gusta quedarme en casa y ver la tele. Quiero conocer a un chico simpático. Dejo mi correo electrónico en el programa y podéis escribirme.

Pista 17

Actividad 5B.

Buenos días, este es el tiempo para hoy, 17 de diciembre. En el norte mucha lluvia, especialmente en Galicia y en toda la costa cantábrica. En zonas del interior del País Vasco y en Navarra nieva en estos momentos. La temperatura mínima se registra en Pamplona que está a 1 grado bajo cero. También esperamos nieve en zonas de Aragón.

En Castilla-León y en la Comunidad Autónoma de Madrid también hace mucho frío y los cielos están muy nublados.

En Cataluña y en la Comunidad Autónoma Valenciana esperamos temperaturas más suaves, mínimas de 8 grados y fuertes vientos.

Castilla-La Mancha y en Extremadura tenemos temperaturas muy bajas pero los cielos están muy despejados y hace sol.

En Andalucía tenemos hoy una temperatura media de 12 grados y llueve en la mayoría de las provincias.

En las islas Baleares se registran ahora fuertes vientos y una temperatura media de 10 grados. Y el mejor tiempo para hoy lo tenemos en las islas Canarias: allí hace sol y esperamos máximas de 22 grados.

En Ceuta y Melilla la temperatura es de 14 grados y hay viento del Este.

Unidad 8: *¡Qué bueno!*

Pista 18

Actividad 1A.

la naranja; los plátanos; los mejillones; los tomates; el cordero; las cebollas; la fresa; el cerdo; las patatas; la lechuga; el arroz; el pollo; la sandía; la coliflor; el melocotón; las uvas; el ajo; las zanahorias; las gambas; el salmón; las peras; la leche; el aceite; las manzanas; el chocolate; el melón; las sardinas; las galletas; los pepinos; la mermelada; el queso; la pasta; los pimientos.

Pista 19

Actividad 7B.

Hola, me llamo Iván. Vivo en Burgos. Mi piso no es grande pero es bastante bonito.

Tiene una cocina moderna y práctica, dos cuartos de baño, uno más pequeño que el otro, un salón comedor muy acogedor, dos dormitorios pequeños, un despacho con la biblioteca y una terraza con muchas plantas... ¡soy jardinero! Al lado de la entrada está el salón comedor, a la derecha del salón está mi dormitorio y al lado el baño grande. Enfrente del salón está la cocina, a la derecha de la cocina está el cuarto de baño pequeño, al lado del baño está el otro dormitorio y al fondo está la biblioteca. La terraza está junto a la cocina. ¿Te gusta mi piso?

Unidad 9: *¿Qué te ha dicho el médico?*

Pista 20

Actividad 4.

1 ¿Vamos esta tarde a la piscina? / No, lo siento, no puedo. Tengo que estudiar para el examen de Anatomía. **2** ¿Quieres tomar un helado? / No, no puedo. ¡Me duele la garganta! **3** ¿Vamos a Venecia de vacaciones? / ¡Qué buena idea! De acuerdo, así descansamos y volvemos con más energía. **4** Luego vamos a ir de compras, ¿vienes? / Sí, ¡claro! Tengo que comprar una crema protectora solar con factor 50. **5** ¿Por qué no alquilamos un coche y recorremos España este verano? / Imposible. Este verano tengo que trabajar en el hospital.

Pista 21

Actividad 9A.

Locutora: Buenas tardes: Ahora en *Onda Meridional* y en su programa «La salud es lo primero» vamos a hablar con la doctora Dávila.

Doctora Dávila, ¿hay una gimnasia para la cara?

Doctora Dávila: Pues sí. Para tener una cara joven sin arrugas y una piel más firme podemos hacer estos sencillos ejercicios todos los días:

- Abrir mucho la boca y cerrarla. Hacerlo diez veces y relajar. Repetir otras diez veces más.
- Cerrar los ojos y a la vez abrir la boca.
- Abrir y cerrar cada ojo alternativamente. Hacerlo cinco veces y relajar. Repetir cinco veces más.

Y para tener unos pómulos más marcados hay que:

- Llenar la boca de aire y expulsarlo poco a poco por la boca.
- Llenar solo un carrillo y pasar el aire de un lado al otro alternativamente.

Si queremos tener unos labios bonitos, debemos

- Pronunciar la vocal *u*.
- Poner los dedos índices cada uno en un extremo de los labios y pronunciar

la palabra *lechuga*.

Locutora: ¡Ah! pues no parecen difíciles de hacer. Gracias, doctora, nos vemos la semana que viene.

EXAMEN TIPO DELE NIVEL A1

Pista 22

Tarea 1

A continuación escucharás cinco diálogos breves entre dos personas. Oirás cada diálogo dos veces. Después de la segunda audición marca la opción correcta (A, B, C o D).

Diálogo 1

● Buenos días, ¿qué le pongo?

▼ Buenos días, doscientos cincuenta gramos de ese jamón y cien gramos de chorizo de Salamanca.

Diálogo 2

● ¿A dónde vas a ir de vacaciones?

▼ No sé... tengo que estudiar mucho para las oposiciones. Creo que me quedo en casa.

Diálogo 3

● A mí me gusta mucho bailar... Y ¿a ti, Lola?

▼ A mí no mucho... Prefiero escuchar música e ir a conciertos.

Diálogo 4

● Y esta niña rubia, ¿quién es?

▼ Es mi sobrina Tatiana, tiene cinco añitos. Es tan rubia como su padre..

Diálogo 5

● Hola Mónica, ¿a dónde vas?

▼ Voy a comprar tiritas. Me he caído y me he hecho una herida en la rodilla.

Pista 23

Tarea 2

A continuación escucharás cinco mensajes muy breves. Oirás cada intervención dos veces. Relaciona los textos con las imágenes. Después de la segunda audición marca la opción correcta. Hay tres imágenes que no debes seleccionar.

Mensaje uno:
¿Qué talla tiene?

Mensaje dos:
¿Cuál es tu número de móvil?

Mensaje tres:
El alquiler son seiscientos cincuenta euros al mes.

Mensaje cuatro:
Por favor, ¿dónde está la calle San Antón?

Mensaje cinco:
El autobús a León sale a las ocho horas y quince minutos del andén veintidós.

Pista 24

Tarea 3

Vas a escuchar a Sonia hablando sobre sus viajes. Cada audición se repite dos veces. Relaciona cada ciudad con una letra de la columna de la derecha. Hay tres letras que no puedes seleccionar.

● Mira, aquí estoy en Valencia con mis padres, en la Ciudad de las Artes y las Ciencias. Hay mucha luz y palmeras y ¡hacen la mejor paella del mundo!

● Mira, en esta foto estamos Nuria y yo en Cancún, en México. Tiene unas playas maravillosas y el mar es azulísimo. Voy a volver el próximo verano.

● Y aquí estoy en la Plaza de la Virgen Blanca, en Vitoria, con mi novio. Está en el norte de España, en el País Vasco. Tiene una parte vieja muy bonita e interesante pero ¡siempre hace mucho frío!

● Mira, esta foto es de Toledo, también estoy con Ricardo. Es una ciudad preciosa y muy antigua, con iglesias, mezquitas y sinagogas. Desde Madrid llegas muy rápido.

● Y aquí estoy en el viaje de fin de curso en Palma de Mallorca. ¡Qué recuerdos! Es una de las islas Baleares, es muy bonita, mediterránea y elegante. Hay siempre muchos turistas.

● Mira, en esta foto estoy con mi primo Ismael que vive allí, en Madrid. Es una ciudad muy cultural y animada, hay montones de tiendas y tiene museos muy buenos que no te puedes perder.

● Esto es Cartagena de Indias, en Colombia, un paraíso, una de las ciudades más bonitas de Latinoamérica y está llena de historia. Es ideal para practicar submarinismo porque hay unos peces increíbles.

● Y en esta foto estoy en Granada. Allí está la Alhambra, un palacio árabe impresionante y hay un barrio típico, el Albaicín. En este barrio puedes escuchar flamenco en directo.

Pista 25

Tarea 4

Pepe se ha mudado de casa y cuenta a su amiga cómo es su nuevo piso. Completa el texto con la información que falta. Escucharás la audición tres veces.

● Hola Pepe, ¿qué tal en tu nuevo piso?

▼ Hola, pues estoy muy bien. Te cuento. No está en el centro, está en un barrio bastante alejado pero está muy bien comunicado con el metro y el autobús. Es todo exterior, eso es lo mejor, así que es muy luminoso y soleado. Tiene dos dormitorios, un salón comedor, la cocina, el baño y una terraza bastante grande. ¡Ah! y mi despacho que es lo que más me gusta. Ahí tengo la biblioteca.
Además, tiene calefacción, aire acondicionado y garaje. Lo que menos me gusta es que da a una calle con muchas tiendas y bares y hay mucho ruido y es un cuarto piso y no tiene ascensor.